KB068637

경찰관 직무집행법 워킹그룹

김성태
김연태
박병욱
서정범
손재영
이성용

경찰관 직무집행법

인권과 법치를 위한 개정권고안

박영사

　　공공의 안녕 또는 질서의 유지를 목적으로 하는 경찰작용에 대하여는 "그것 없이는 국가를 생각할 수조차 없는 국가의 필요적 근본작용"이라는 평가가 행해지고 있으며, 우리나라의 경우 경찰관 직무집행법이 이러한 경찰작용에 관한 일반원칙과 개별적인 경찰의 행위수단에 관하여 규율하여 왔다. 그러나 현행 경찰관 직무집행법은 개별 조문의 내용은 물론이고 전반적인 체계라는 측면에서도 더 이상 그대로 유지될 수 없는 많은 문제점을 안고 있는바, 그 주요한 원인은 다음과 같은 것에서 찾을 수 있다.

　　첫째, 1953년에 제정된 현행 경찰관 직무집행법은 동법의 체계 및 동법에 담겨야 할 내용에 대한 진지한 고민없이, 당시의 일본 경찰관 직무집행법을 그대로 받아들이는 수준에서 제정되었다고 하는 태생적 문제점을 안고 있다.

　　둘째, 경찰행정법 이론은 하루가 다르게 발전하고 있다. 그런데 현행 경찰관 직무집행법은 그러한 이론적 발전에 눈감은 채 거의 70년째 그대로 유지되고 있으며, 그 결과 현행 경찰관 직무집행법으로는 도저히 오늘날의 경찰행정법적 상황을 설명하고 규율할 수 없게 되었다. 물론 경찰관 직무집행법은 1953년에 제정된 이래 수차례에 걸친 개정이 있었던 것은 사실이다. 그러나 그간의 개정과정 및 내용을 돌이켜 보면 그때그때의 필요성에 의해 개별조문에 대한 개정이 이루어졌을 뿐, 경찰관 직무집행법이 안고 있는 근본적 문제인 규율 체계 자체에 대한 전반적 개정은 이루어지지 않았다.

　　이러한 문제점은 이미 오래전부터 많은 학자들에 의해 지적되어 왔으며, 경찰청 또한 (실무적 차원에서는) 그 인식을 같이 하고 있다. 그러나 현행 경찰관 직무집행법의 문제점에 대한 개개 학자들의 문제 제기는 사회적으로 커다란 반향을 일으키기에는 부족한 점이 있었으며, 경찰청에 의한 개정작업은 경찰권력의 비대화를 위한 것일 뿐이라는 비판에 가로막혀 실현되지 못하였다. 이에 경찰관 직무집행법의 근본적 개혁을 위하여서는 여러 학자들의 공통된 의견제시가 필요하다는 것에 관하여 인식을 같이 하는 경찰행정법학자들이 생겨나기 시작했으며, 이러한 상황을 배경으로 하여 경찰관 직무집행법의 개정작업을 공동으로 수행하기 위한 경찰관 직무집행법 위킹그룹(Working Group)이 발족되게 되었다. 경찰관 직무집행법 워킹그룹의 위원들은 지난 2년간 서울에서 십여 차례 모여 현행 경찰관 직무집행법의 문제점 및 개선방안에 관한 논의를 계속하여 왔으며, 그러한 작업을 통해 향후 경찰관 직무집행법의 개정에 있어 모범이 될 수 있다고 생각하는 "경찰관 직무집행법 개정권고안"을 공동으로 작성하였다. 그리고 본서를 통하여 그것을 공개하고자 한다. 우리 경찰관 직무집행법 워킹그룹 위원들은 본서의 발간을 계기로 경찰관 직무집행법의 개정에 관한 논의가 촉진되기를 바란다. 그리고 더 나아가서 본서가 현대적인 경찰행정법 이론의 체계와 부합할 뿐만 아니라 경찰행정을 둘러싸고 발생하는 여러 문제를 실질적으로 규율할 수 있는 경찰관 직무집행법의 탄생을 앞당기는 데 기여할 수 있기를 바란다.

경찰관 직무집행법 워킹그룹
김성태(홍익대학교 법학과)
김연태(고려대학교 법학전문대학원)
박병욱(제주대학교 행정학과)
서정범(경찰대학 법학과)
손재영(경찰대학 법학과)
이성용(계명대학교 경찰행정학과)

차례

Contents

I.
서론

개인의 생명과 신체, 그리고 재산을 보호하는 경찰작용법의 근간인 현재의 경찰관 직무집행법은 전후(戰後) 일본의 동법(경찰관 직무집행법)을 직역하여 1953년 12월 14일 법률 제299호로 제정되었다. 일본의 경우 구(舊) 헌법하에서는 경찰관의 직무수행에 필요한 권한이 「행정집행법(1900년, 법률 제84호)」과 「행정경찰규칙(1875년, 태정관 제29호)」에 규정되어 있었는데, 이러한 규정들이 일본국 헌법(1947. 5. 3)에 따라 폐지되고, 1948년 7월 5일에 경찰관 직무집행법이 제정되어 같은 달 12일에 공포되어 즉일 시행되었다. 우리나라의 경찰관 직무집행법은 이러한 일본 경찰관 직무집행법을 직역하여 만들어졌으니, 동법의 제정 경위와 그 의도를 이해하기 위하여서는 일본에서의 경찰관 직무집행법 제정 경위 등에 관하여 살펴볼 수밖에 없다.

일본에서 경찰관 직무집행법을 제정할 당시 처음에는 '경찰법의 일체계로서의 권한법'을 만든다는 강력한 의도하에 경찰의 권능을 체계적으로 규정하는 검토가 이루어졌다. 그러나 논의 과정에서 이론적 정리가 곤란하다는 등의 이유로 최종적으로는 필요최소한도의 사항만을 담는 것으로 방향이 설정되었고, 결국 행정집행법과 미국의 통일체포법의 체계나 내용을 참고하는 형태로 「경찰관등직무집행법안」이 작성되었다.[1] 즉 이론적 정리의 미흡으로 체계적 내용을 담은 규정을 마련하지 못하고, 대륙법계와 영미법계의 이론을 혼합하여 필요최소한도의 사항만을 담을 수밖에 없었다는 것이다. 이처럼 일본의 경찰관 직무집행법이 태생적 한계를 안고 있었다는 점을 고려하면, 일본의 경찰관 직무집행법을 모태로 하여 1953년에 제정된 우리나라의 경찰관 직무집행법 또한 태생적 문제를 안고 있음이 자명하다. 물론 경찰관 직무집

---

1 古谷 洋一편저(황순평 역), 주석 일본 경찰관 직무집행법, 도서출판그린, 2016, 9쪽.

행법의 제정 이래 개별조문 등에 관하여 수차례에 걸친 개정이 있었으나, 그러한 개정은 동법이 안고 있는 근본적 문제에 대한 해결책이 되지는 못하였다. 그로 인해 현행 경찰관 직무집행법은 사회환경과 치안수요의 변화에 따른 다양한 경찰작용에 대해 명확한 근거를 제공하기에는 너무도 미흡한 채로 현재에 이르고 있다.

그동안 우리나라는 각 분야에서 비약적 발전을 거듭하여 왔으며, 그와 더불어 국민의 법감정과 법의식 또한 놀라울 정도로 변화하였다. 범인 검거 등 범죄의 진압에 환호하고 그것을 공권력의 존재 이유로 믿던 시민들이 범죄를 예방하여 자신의 생명과 신체, 재산에 대한 안전을 확보해 주지 못하는 공권력의 무력함에 대해서 성토하기 시작하였다. 특히 스토킹, 가정폭력, 데이트폭력 등에서 볼 수 있듯이 사회적 약자에 대한 무방비·무대책이 계속되자 국민들은 그에 대한 강력한 대처를 요구하기에 이르렀다. 다른 한편 경찰의 민주적 통제에 대한 관심과 요구도 한층 심화되었다. 이러한 전개양상은 1953년에 제정되고 그 후 수차례 개정된 경찰관 직무집행법이 예상하였던 법적 상황을 넘어서는 것이었고, 경찰관 직무집행법 워킹그룹의 위원들은 이러한 전개양상에 이론적으로 대처하여야 할 사명감을 넘어서는 압박감을 느껴 왔다. 그리하여 기회가 있을 때마다 이러한 경찰관 직무집행법의 문제점과 개선을 각각 직필하여 왔으나, 그에 대한 반향은 그다지 크지 않았다.

일사불란한 (국가)경찰의 운영에 있어서도 법집행 현장에서 여전히 많은 논란과 갈등이 불거졌다. 한편으로는 현장 경찰에 대한 민주적 통제도 미흡하였고, 다른 한편으로는 경찰조치의 지향점과 명확성이 불분명하여 꼭 필요한 조치도 망설이다 소중한 생명까지도 희생시키는 일이 적지 않았다. 이에 경찰관 직무집행법 워킹그룹의 위원들은 각각의 목소리가 아니라 '이 정도는 되어야 선진 인권 법치국가의 경찰작용법이라 할 만한 개혁안'을 같은 목소리로 권고하기 위해 모였으며, 2년간의 논의를 통하여 개정권고안을 마련하기에 이르렀다.

경찰관 직무집행법 워킹그룹의 위원들이 제시하는 이 개정권고안은 권고방식에 있어서부터 종래와는 다른 새로운 형식과 방법을 택했다. 즉, 지금까지는 정부나 국회에서 필요한 입법안을 연구용역 등을 통해 스스로 마련해 왔던 것에 비해, 이 개정권고안은 최근 경찰작용과 관련하여 새롭게 전개되는 양상에 대응하여 민간 차원의 워킹그룹에서 직접 마련하여 권고하는 형식을 취한다. 물론 실무적 문제, 특히 현재 경찰의 사무처리 관행 등에 대해서는 경찰의 자문을 구하기도 하였지만, 워킹그룹의 작업에 대한 경찰청의 특별한 요구는 없었다. 따라서 본 개정권고안은 순수히 경찰관 직무집행법 워킹그룹 위원들의 지금까지의 연구결과물의 총합이라는 점임을 밝혀둔다. 다만 실무와 관련된 부분의 기술에 있어서는 현장 경찰의 자문이 절대적으로 필요하였는바, 위원들의 자문에 성실히 답해 준 많은 현직 경찰관들에게 이 자리를 빌려 감사의 말씀을 전한다. 특히 단순한 자문을 넘어서는 수준의 의견제시를 통하여 본서의 완성도를 높이는 데 기여한 이동환 총경에게 고마움을 표한다.

본서를 통하여 제시하는 경찰관 직무집행법 개정권고안을 마련함에 있어 우리 워킹그룹을 지배하였던 기본사상 내지 이념적 기초는 다음과 같은 것이었다.

첫째, 경찰작용의 본질은 사람을 통제하는 것이 아니라, 인권을 보호하고 보장하기 위한 것이다.

둘째, 급박한 상황에서도 경찰작용과 관련하여서는 (절차적) 정의가 구현될 수 있어야 하며, 이때 무엇보다도 비례의 원칙이 준수되어야 한다.

셋째, 가능한 한도에서 최대한 쉽고 명확한 용어를 사용하고 관련규정을 체계화하여 경찰관 등 행정청에게 제대로 된 지향점을 제공하고, 시민도 경찰작용에 대한 이해와 예측이 가능하도록 한다.

넷째, 최근의 현장 법집행 현실의 변화와 새로운 경향을 고려하여 경찰관 직무집행법의 내용을 실효적으로 현대화하고자 한다.

다섯째, 전부 개정을 고려한다면 조문의 기본 구조를 변경할 것을 권고한다. 전술한 바와 같이 1953년에 제정된 경찰관 직무집행법은 사실상 일본 경찰관 직무집행법의 번역을 통해 세상에 모습을 드러낸 이래 필요에 따라 부분적으로 첨삭이 이루어지는 선에서 개정되었다. 그러나 이러한 부분개정만으로는 동법의 제정 이후에 전개·발전된 (경찰)법이론을 제대로 반영할 수 없었으며, 치안수요를 야기하는 새로운 현상에의 대처 또한 사실상 불가능했던 것이 사실이다. 뿐만 아니라 동법은 경찰과 관련된 문제를 바라보는 국민들의 의식수준에도 전혀 부응하지 못하여, 규범으로서의 생명력을 완전히 잃어가고 있다고 하여도 과언이 아니다. 따라서 이러한 현실에 총합적으로 대처하기 위해서는 경찰관 직무집행법의 '전면개정'이 필요하다고 생각한다.

　워킹그룹은 이러한 기본사상을 기초로 경찰관 직무집행법에 관련된 쟁점들에 대해 격론을 주고 받으면서도 합치된 의견을 도출하기 위한 노력을 기울였다. 그리고 그러한 의견수렴 과정을 거치는 작업을 통하여 경찰관 직무집행법 개정권고안을 만들었는바, 그 구체적 내용은 다음과 같다.

　첫째, (절차적) 정의 구현을 위하여 조문상에 비례의 원칙을 명시하고, 경찰작용으로 인한 침해가 적은 수단부터 침해가 큰 순서로 조문을 배열하였다.

　둘째, 치안정보의 수집과 배포에 관한 직무규정을 권한규정으로 오해하는 것을 불식시키기 위해 직무규정에서 수집 처리할 수 있는 정보의 범위를 구체화하고, 경찰임무 수행을 위한 정보 처리의 권한과 통제방안을 신설하였다.

　셋째, 무차별적 불심검문의 폐해와 임의동행 등으로 인한 인권침해 논란을 제거하기 위해 관련규정을 정비하였다. 우선 고압적 느낌을 주는 '불심검문'이란 용어를 '직무질문'으로 대체하였고, 그 대상을 범죄와 고도의 위험을 야기한 자로 한정하였다. 또한 임의동행 조항을 삭제하고, 신원을 확인하는 정도의 조치만 가능하도록 하였다.

　넷째, 사람의 생명, 신체 또는 재산에 중대한 위해의 방지나 법질서의 유지를 위하여 위해를 야기하는 사람을 그 장소에서 퇴거시키거나 출입을 금지시키는 조항의 신설을 통하여 위험발생을 미연에 방지할 수 있도록 하였다.

　다섯째, 실종, 납치, 자살기도자 등 범죄나 사람의 생명, 신체 또는 재산에 대한 위해를 방지하기 위한 출입과 확인을 할 수 있도록 하였다.

　여섯째, 응급구호가 필요한 자에 대한 보호조치 이외에 생명, 신체에 대한 중대한 위험을 초래하는 행위가 목전에 행해지거나 계속되는 것을 제지하기 위한 보호조치를 할 수 있도록 하였다. 이는 스토킹 등에 있어서 사회적 약자인 피해자를 보호하기 위한 고려의 산물이다. 아울러 이러한 보호조치에 대한 적법성과 계속성에 대한 법원의 통제를 받도록 하여 경찰의 자의(恣意)에 의한 인권침해가 없도록 배려하였다.

　일곱째, 다양한 위험상황에 따라 경찰의 적절한 대응을 가능케 하는 일반적 권한을 해석이 아닌 명확한 규정으로 마련하여 법적 근거가 없다는 이유로 사회적 약자를 방치할 여지를 없앴다.

여덟째, 경찰장비의 사용과 한계에 대해서 최근 헌법재판소 결정을 참조하여 향후 개선 방향을 제시하였다.

경찰작용법 워킹그룹은 본 권고(案)가 인권과 절차적 정의를 위하여 바람직한 방향과 방안임을 다시 한 번 확인하며, 입법을 행함에 있어 이러한 개정권고안이 고려되기를 바란다. 또한 이러한 총제적인 고민과 논의 과정, 의견 수렴의 결과가 후학들에게도 참고가 되어 경찰작용법의 지속적인 발전의 계기가 되기를 바란다. 끝으로 이 권고(案)를 작성하며 진행된 일련의 과정에서 우리는 다음과 같은 공과(功過)와 미비점을 미리 밝혀두고자 한다.

1. 워킹그룹 경찰관 직무집행법 개정권고안의 공과(功過)

우리 워킹그룹이 제시하는 경찰관 직무집행법 개정방향은 오랜 기간 동안 학계에서 경찰관 직무집행법에의 도입 내지 개정의 필요성으로 거론되어 왔던 점을 상당부분 반영하고 있다. 즉, 워킹그룹의 경찰관 직무집행법 개정권고안은 우리나라 경찰법학계의 숙원이었던 제반 문제점들에 대한 숙고를 토대로 한 것으로 종래의 경찰관 직무집행법과는 확연히 차별화되는 내용들을 담고 있다. 개괄적 수권조항이나 경찰의 정보 수집 및 처리에 관한 근거규정(권한규범)의 설치, 비례의 원칙 규정의 신설, 그리고 이른바 제지를 위한 보호조치규정의 도입 등은 그 대표적 예이다. 뿐만 아니라 워킹그룹이 제안하는 개정권고안은 경찰관 직무집행법의 여러 조항들에 대하여 자구 하나하나, 구체적 내용 및 다른 조항과의 관계에 이르기까지 전방위적(全方位的) 탐구를 통하여 가장 진일보한 모습으로 제안된 개정권고안이라고 확신한다.

다만 워킹그룹이 제안하는 경찰관 직무집행법 개정권고안이 경찰법의 이론적 체계의 완비를 위하여 또는 경찰의 실무적 차원에서의 요구에 부응하기 위하여 반드시 필요하다고 생각되는 내용들 중 상당수를 여전히 반영하지 못하고 있는 것 또한 사실이다. 우리 워킹그룹은 그러한 미비점을 너무도 잘 인식하고 있으며, 이러한 미비점을 그대로 간직한 형태의 경찰관 직무집행법 개정권고안 제안을 누구보다 안타깝게 생각하고 있다.

이는 우리나라의 경우 아직까지 경찰법이론에 대한 이해도가 충분하지 못한 면이 있어, 이론적 완비성만을 고려한 입법이 행해지는 경우 법률과 그에 대한 국민들의 인식 간의 괴리가 너무 커져 법률의 실효성에 대한 의문이 있을 수 있음을 고려한 것이다. 또한 우리나라 일반 국민들의 법률적 감정 또한 고려한 것이라고 할 수 있다. 원래 법이란 것은 사비니(Savigny, 1779-1861)가 지적한 바와 같이 민족(국민)과 더불어 성립하고, 발전하고, 소멸하기 마련인 것이다. 따라서 적어도 우리나라 국민들의 법 감정에 전면적으로 배치되는 것을 제안할 수는 없었다.

2. 워킹그룹 경찰관 직무집행법 개정권고안의 미비점

전술한 바와 같은 이유에서 이번에 제시하는 경찰관 직무집행법 개정권고안에 반영되지는 못하고 있으나, 우리나라 국민들의 법률적 감정의 변화 내지 경찰법에 대한 이해도의 숙성이 이루어진 경우에 개정 내지 제정이 요구되는 것들을 열거해 보면 다음과 같다.

1) 경찰책임의 원칙

경찰권은 공공의 안녕질서에 대한 위험을 직접적으로 야기한 자에게만 발동될 수 있는바(경찰책임의 원칙), 이러한 원칙은 성문화함이 바람직하다. 한편 경찰책임의 원칙을 명문으로 규정한다면, 학계에서의 논의를 거쳐 이론적 합의에 달한 부분, 예컨대 행위책임과 상태책임에 관한 기본규정과 경찰긴급권에 관한 내용이 조문에 포함되어야 한다.

2) 경찰상 강제수단 규정의 미비

경찰은 그의 임무수행을 위하여 국민에게 의무를 부과하는 경우가 많다. 그런데 만일 국민이 경찰권 발동을 통하여 그에게 부과된 의무를 자발적으로 이행하지 않는 경우에는 강제집행의 문제가 발생하는바, 경찰상의 강제집행수단에 관하여는 별도의 규정을 마련할 필요가 인정된다. 그리고 이런 사정을 고려하여 현행 경찰관 직무집행법은 단편적이나마 경찰의 활동과 관련된 강제집행수단을 규정하고 있다. 그러나 이러한 단편적 규정만으로는 모든 경찰상의 강제집행을 포섭할 수 없는 점을 고려할 때, 경찰상 강제집행에 관한 일반적 규정을 마련하는 것이 요구된다. 독일 각 주의 경찰법이 경찰상 강제집행에 관한 일반적 규정을 갖고 있음은 이러한 논의의 전거가 될 수 있다.

　물론 경찰상 강제집행의 허용성과 관련하여 경찰관 직무집행법에 행정대집행법 등의 준용규정을 두는 것으로 충분하다고 생각할 수도 있겠으나, 경찰의 고유업무인 공공의 안녕 또는 질서에 대한 위험방지를 위하여서는 경찰상 강제의 필요성이 당연시되며, 경찰의 업무는 타 행정기관의 업무와 그 성질을 달리한다는 점을 고려할 때, 경찰상의 강제집행에 관하여는 별도의 근거규정을 마련하는 것이 타당하다고 생각된다.

3) 집행원조(執行援助)에 관한 규정의 부재

　경찰은 직접강제 등 실력을 행사할 수 있는 인력과 장비를 갖추고 있음을 그의 특색으로 한다. 이에 반해 경찰 이외의 다른 국가기관들은 그의 권한 행사와 관련하여 실력행사가 필요한 경우가 있음에도 불구하고 그에 필요한 인력 등을 갖추고 있지 못한 경우가 많다. 따라서 그러한 경우에 경찰의 조력을 구할 필요가 있을 것인바, 현행 경찰관 직무집행법에는 그에 관한 규정이 존재하지 않는다는 문제점이 있다.

4) 기타

　이러한 문제 외에 경찰관 직무집행법 각 조를 둘러싼 문제들이 있는바, 그를 열거하는 것은 분량상에 문제가 있어 각 조문의 입법취지에 포함하거나 차후에 다른 방식으로 미비점을 지적하고 개정 방향을 논하기로 한다.

경찰관 직무집행법 개정권고안 해설

본 장에서는 現 경찰관 직무집행법과의 비교표를 통해 각 조항별 개정권고안을 설명하고자 한다.

1. 제1조(목적)   [서정범]

현 경찰관 직무집행법	개정권고안
제1조(목적) ① 이 법은 국민의 자유와 권리를 보호하고 사회공공의 질서를 유지하기 위한 경찰관(국가경찰공무원만 해당한다. 이하 같다)의 직무 수행에 필요한 사항을 규정함을 목적으로 한다. ② 이 법에 규정된 경찰관의 직권은 그 직무 수행에 필요한 최소한도에서 행사되어야 하며 남용되어서는 아니 된다.	제1조(목적) 이 법은 사람의 자유와 권리를 보호하고 사회공공의 질서를 유지하기 위한 경찰관(국가경찰공무원과 자치경찰공무원만 해당한다. 이하 같다)의 직무 수행에 필요한 사항을 규정함을 목적으로 한다.

현행 경찰관 직무집행법 제1조(목적)는 다음과 같은 이유에서 문제점을 안고 있으며, 따라서 개정권고안과 같은 내용으로 개정되어야 한다.

첫째, 제1항의 경우 현 조항은 그 내용과 구성면에서 개정할 필요성이 없어 보인다. 다만, 자치경찰제가 실시되면 지방자치단체에서 경찰업무를 수행하는 경찰관들은 지방공무원의 신분을 갖게 되는데, 이들 또한 경찰업무를 수행함에 있어서는 경찰관 직무집행법을 준수하여야 한다. 따라서 현 제1항 조문 중 "경찰관(국가경찰공무원만 해당한다. 이하 같다)" 부분을 삭제하거나, 개정권고안과 같이 "경찰관(국가경찰공무원과 자치경찰공무원만 해당한다. 이하 같다)"과 같은 형태로 개정되어야 한다.

둘째, 현 경찰관 직무집행법 제1조 제2항은 '경찰비례의 원칙'의 표현이라고 이해되고 있는데, 이를 '목적'이란 제하에 제1조 제2항으로 설치하는 것은 적어도 바람직하다고까지는 할 수 없다. 따라서 경찰관 직무집행법을 전면개정한다면, 경찰비례의 원칙은 제1조의 목적으로부터 분리하여 별도의 조문으로 규정할 필요가 있다. 다시 한 번 강조하거니와 경찰비례의 원칙이 경찰관 직무집행법의 목적이 될 수는 없으며, 따라서 현 경찰관 직무집행법 제1조 제1항은 삭제되어야 한다.

　　셋째, 세계가 글로벌화 하는 것을 감안하여 '국민'이란 표현보다는 '사람'(또는 개인)이란 표현을 사용하는 것이 바람직하다. (전체 문장 재구성)

[참고] 용어 정의의 문제

하나의 법률을 이해함에 있어 필요한 기본용어에 관하여는 해당 법률의 앞부분에 "용어의 정의"라는 제하에 묶어서 규정하는 것이 입법의 체계 면에서도 타당하고, 근래에 제정되는 법률의 일반적 추세와도 부합한다. 따라서 경찰관 직무집행법을 전면개정하는 경우 이러한 입법방식의 일반적 추세와 그 보조를 같이 하여야 한다는 제안이 있었다.

그러나 개념의 정의가 필요한 경찰장비, 장구, 무기 등의 용어는 경찰관 직무집행법 전반에 걸쳐 적용되는 기본용어가 아니므로 법률의 앞부분에 규정할 필요가 없으며, 관련조항에서 개념규정을 두는 것이 더 타당하다는 의견이 다수이어서 "용어의 정의"라는 제하의 별도규정을 마련하지 않도록 하는 것으로 결정하였다.

---

2. 제2조(직무의 범위) [서정범·이성용]

현 경찰관 직무집행법	개정권고안
제2조(직무의 범위) 경찰관은 다음 각 호의 직무를 수행한다. 　1. 국민의 생명·신체 및 재산의 보호 　2. 범죄의 예방·진압 및 수사 　2의2. 범죄피해자 보호 　3. 경비, 주요 인사(人士) 경호 및 대간첩·대테러 작전 수행 　4. 치안정보의 수집·작성 및 배포 　5. 교통 단속과 교통 위해(危害)의 방지 　6. 외국 정부기관 및 국제기구와의 국제협력 　7. 그 밖에 공공의 안녕과 질서 유지	제2조(직무의 범위) ① 경찰관은 다음 각 호의 직무를 수행한다. 　1. 사람의 생명·신체 및 재산의 보호 　2. 범죄의 예방·진압 및 수사 　3. 범죄피해자 보호(별도의 호 지정) 　4. 경비, 주요 인사 경호 및 대간첩·대테러 작전 수행 　5. 범죄 및 위해방지를 위한 정보의 수집 등 처리 　6. 교통 단속과 교통 위해의 방지 　7. 외국 정부기관 및 국제기구와의 국제협력 　8. 그 밖의 공공의 안녕과 질서 유지 ② 경찰관은 다른 법령에 의해 경찰에 위임된 사무를 처리한다.(신설) ③ 법원에 의한 권리구제가 적시에 행해질 수 없고, 경찰의 개입 없이는 사인의 권리의 실현이 불가능하거나 현저히 곤란한 경우에는 경찰관은 이 법률에 따라 사권의 보호를 위해 개입할 수 있다.(신설)

1) 개정 취지 및 이유

직무의 범위에 관한 조항은 대한민국에서의 형식적 의미의 경찰의 범위를 규정하는 것이 되는데, 주지하듯이 형식적 의미의 경찰의 범위를 어떻게 정할 것인지의 문제는 전적으로 그 나라의 입법정책에 속한다. 따라서 지금까지의 입법자가 어떤 필요에 의해서든 경찰의 직무범위를 현행법과 같이 규정하였다면, 특별한 논거를 가진 반론이 없는 경우에는 현행법을 그대로 유지하는 것 이외에는 다른 방법이 없다고 생각한다.

그러나 기본적으로 이러한 기조를 유지하고자 함에도 불구하고, 워킹그룹은 직무의 범위에 관한 현행 경찰관 직무집행법 제2조의 직무범위의 내용을 그대로 유지할 수는 없다는 것에 인식을 같이 하였다. 그 이유는 현행법 제4호의 '치안정보의 수집·작성 및 배포'를 더 이상 경찰의 직무범위에 규정할 필요성이 없다고 생각하였기 때문이다. 그 이유를 설시하면 다음과 같다.

첫째, 최근 경찰법 이론에서는 정보경찰과 집행경찰의 조직법적 분리가 강조되고 있으며, 이는 경찰실무상으로도 전 세계적인 트렌드를 이루고 있다. 이는 정보와 집행이라는 두 개의 경찰기능의 결합은 필연적으로 경찰권의 비대화를 가져오며, 이는 경찰권력의 축소를 통한 사람의 자유와 권리의 보호라는 시대적 요구에 전혀 부합하지 않기 때문이다.

둘째, 치안정보의 수집·작성 및 배포는 제2조에서 경찰의 직무범위로 열거되고 있는 다른 직무들과 그 차원을 달리하고 있는 것으로, 이를 직무의 범위로 규정하는 것은 전체 조문 간의 균형을 해치는 것이 되기 때문이다. 즉, 동조에서 직무의 범위로 규정되어 있는 다른 것들(예컨대 '국민의 생명·신체 및 재산의 보호' 등)은 그 자체가 종국적인 목적인 것에 반하여, 치안정보의 수집·작성 및 배포는 그 자체가 종국적인 목적이라기보다는 다른 목적을 수행하기 위한 '수단'적 측면이 강하기 때문이다.

셋째, 개인정보자기결정권이 국민의 기본권으로 인정된 이상 정보의 수집·작성 및 배포를 위해서는 반드시 작용법적 근거(권한규범)가 있어야 한다. 이와 관련하여 경찰실무적으로는 종래 치안정보의 수집·작성 및 배포에 관한 제2조 제4호가 그 근거로 제시되어 왔다. 그러나 적어도 이론상으로 제2조 제4호는 경찰의 기본권 제한적 활동에 대한 작용법적 근거로 기능할 수 없는 조직법적 근거(직무규범)에 불과하여, 개인정보 처리의 근거가 될 수 없다. 따라서 제2조 제4호가 자칫 치안정보의 수집·작성 및 배포를 할 수 있는 작용법적 근거로 잘못 이해되는 것을 원천적으로 봉쇄할 필요가 있기 때문이다.

2) 개정 내용
(1) 의의

'치안정보의 수집·작성 및 배포'를 규정한 제2조 제4호를 '범죄 및 위해방지를 위한 정보의 수집 등 처리'로 개정할 것을 제안한다. 같은 내용을 담고 있는 경찰법 제3조도 마찬가지로 개정되어야 한다.

치안정보는 개념상 공공의 안녕과 질서에 관한 정보에 해당한다고 볼 것이나, 지금까지 이를 자의적으로 확대해석하거나 남용하는 사례가 빈번하였다[1]. 따라서 위법적 경찰정보활동을 원천적으로 차단하도록 구체적이고 명확하게 정보경찰의 직무를 범죄 및 위해방지에 관련한 정보처리로 규정한다.

그럼에도 '범죄 및 위해방지를 위한 정보의 수집 등 처리'는 동조에서 규정하고 있는 여타의 직무규정과 병렬적으로 규정되어야 하는 대등한 사무는 결코 아니다. 경찰의 정보활동은 국민의 생명·신체 및 재산의 보호, 범죄의 예방·진압 및 수사 등 경찰의 종국적인 목적을 효과적으로 달성하기 위한 수단적·보조적 활동에 해당한다.

(2) 경찰정보조직의 개편 제안

경찰관 직무집행법 개정과 직접적 관련은 없으나 경찰정보조직 또한 개편되어야 마땅한 면이 있어 이 기회에 이 문제에 대해서도 간단하게나마 지적해 두기로 한다. 경찰정보조직의 「행정기관의 조직과 정원에 관한 통칙(대통령령)」 제2조에서는 '보조기관'을 '행정기관의 의사 또는 판단의 결정이나 표시를 보조함으로써 행정기관의 목적달성에 공헌하는 기관'(제6호)으로, '보좌기관'을 '행정기관이 그 기능을 원활하게 수행할 수 있도록 그 기관장이나 보조기관을 보좌함으로써 행정기관의 목적달성에 공헌하는 기관'으로 규정하고 있다. 동 규정은 비록 법률이 아닌 대통령령의 형식을 취하고 있지만, 국가행정조직을 통일성 있게 체계적으로 규율하기 위한 기본규정으로서의 성격을 가지므로 「경찰청과 그 소속기관 직제」를 비롯한 행정조직에 관한 다른 시행령보다 (실질적으로) 우위에 있다고 보인다.

따라서 수사나 생활안전 등 본연의 경찰사무를 원활하게 수행하기 위한 보조적이고 부수적인 사무를 수행하는 정보조직은 '보조기관'이 아닌 '보좌기관'에 해당하고 동령 제12조에 따라[2] 보조기관인 경찰청의 '국' 단위에서 처리하도록 하는 것보다는 '치안정보기획관' 또는 '치안정보담당관'과 같은 보좌기관이 처리하도록 경찰정보조직을 개편하여 그 직무를 명확히 한정할 것을 제안한다.

아쉽게도 우리나라 경찰정보활동의 주축인 정보국에서는 테러나 범죄 등이 배제된, 경찰상 위험과 무관한 정보만을 취급하는 데 집중하고 있다. 경찰정보활동의 핵심이 되어야 할 범죄정보는 2015년 경찰청 사무분장 규칙에 따라 신설된 수사국 산

---

1 이성용, 노동쟁의와 경찰개입의 한계 — 경찰 갈등조정활동에 대한 비판적 검토 —, 한국경찰연구 제15권 제1호, 2016, 262-263쪽; 이성용, 경찰윤리, 박영사, 2020, 162-167쪽.

2 제12조(보좌기관의 설치) ② 법 제2조 제5항의 규정에 의한 보좌기관의 명칭은 정책관·기획관·담당관 등으로 정할 수 있으며, 업무수행에 필요한 최소한의 하부조직을 둘 수 있다.

하 범죄정보과에서 별도로 전담하고 있다. 이러한 점에서 우리 경찰의 정보활동은 서구 경찰의 사전적 정보활동과 비교될 수 없다. 1990년대 이후 영미에서 등장하고 있는 정보주도 경찰활동(Intelligence—led policing)의 패러다임 또한 테러, 다중범죄 등 '위험'(Risk)이라는 경찰목적을 전제로 하는 수단적 성격의 정보활동이라는 점에서 우리경찰의 정보활동과 본질적으로 차별화된다.[3]

경찰정보활동은 수사, 경비, 교통, 생활안전 등 본연의 경찰활동을 지원하기 위한 사전적·수단적 영역으로서 기능해야 하는 것이지, 그 자체로서 독립적 경찰활동의 영역이 되어서는 안 된다. 경찰정보의 본질은 위험방지를 위한 준비로서, '경찰의 임무를 적확하게 하기 위한 것이지, 경찰의 임무를 확장하기 위한 것이 결코 아니다'.[4]

(3) 정책정보의 처리

정책정보는 '국가이익의 증대와 안전보장을 위한 정책의 결정에 지원되는 정보'로 위험방지 내지 범죄와 직접 관련되지 못하므로 개정권고안 제2조 제5호의 직무에 포함될 수 없을 뿐만 아니라, 현행 규정을 따를지라도 경찰직무의 범위를 벗어난다.[5]「경찰청과 그 소속기관 직제」제14조에서는 '정책정보의 수집·종합·분석·작성 및 배포'를 정보국의 사무로 규정하고 있으나, 현행법하에서도 그에 대하여는 명시적인 법률의 위임을 찾아볼 수 없는 규정이다. 더욱이 개정권고안과 같이 정보와 관련된 경찰의 직무를 '범죄 및 위해방지를 위한' 정보의 수집 등 처리에 국한하게 되면 경찰에 의한 정책정보의 수집·종합·분석·작성 및 배포는 당연히 경찰의 직무에서 배제된다.

범정부적 차원에서 고려한다면, 국가사무의 효율적 집행을 위해서 올바른 정책의 수립과 결정, 여론수렴을 위한 정보수집과 분석의 필요성이 있음은 자명하다. 이렇게 행정부의 대내외적 정책입안과 집행을 위한 관련 정보를 수집하고 이를 분석하는 사무를 경찰청에 부여할 것인지, 아니면 별도의 정보기관에게 전담시킬 것인지는 국가의 정책적 결정사항이 될 것이고 그 직무수행에 관한 별도의 법적 수권이 요구된다. 다만, 경찰기관이 정책정보를 담당하는 것을 결코 바람직하지 않음을 밝힌다.

---

3 장광호·김문귀, 영국의 범죄정보 기반 경찰활동에 관한 연구, 한국경호경비학회 제54호, 2018, 121–122쪽.
4 Kugelmann, Polizei- und Ordnungsrecht, 2. Aufl. 2012, S. 115.
5 이성용, 노동쟁의와 경찰개입의 한계 — 경찰 갈등조정활동에 대한 비판적 검토—, 한국경찰연구 제15권 제1호, 2016, 262쪽.

(4) 수탁 정보사무에 관한 특별법상 수권규정 정비

현재 경찰이 수행하고 있는 신원조사, 공직후보자 인사검증 등 타 기관으로부터 수탁된 정보사무는 대통령령인 「보안업무규정」, 「공직후보자 등에 관한 정보의 수집 및 관리에 관한 규정」 등에만 근거할 뿐 법률위임의 원칙에 따른 명확한 수권규정이 마련되어 있지 않다.

이러한 정보사무는 경찰조직의 본연의 사무가 아닌 정보기관의 사무이므로 경찰관 직무집행법에 규정될 수 없고, 경찰이 현행과 같이 그 직무를 수행하기 위해서는 특별법에 따른 별도의 법적 수권을 마련할 것을 제안한다. 또한, 개정권고안 제2조 제5호와 무관하게 타 행정기관의 복무상황을 파악하는 정보활동도 법적 근거가 없으므로, 별도의 법적 근거를 마련하여 적법하게 수행하도록 할 것인지 아니면 전면폐지할 것인지에 대한 입법정책적인 결단이 요구된다.

(5) 개정권고안 제2항과 제3항의 신설

경찰관 직무집행법상 경찰의 직무범위와 관련하여 반드시 개정될 필요성이 있다고 생각되는 것은 정보와 관련된 조항이며, 그에 관하여는 위에서 상술한 바 있다. 한편 정보와 관련된 부분 이외에 경찰관의 직무를 규정함에 있어서 규정의 완비성을 위하여 고려하여야 할 사항이 있는바, 그를 반영한 것이 개정권고안 제2항과 제3항이다. 이들 조항은 현행 경찰관 직무집행법이 전혀 규율하지 않고 있는 것을 그 내용으로 하는바, 이러한 조항의 필요성은 다음과 같은 점에서 찾을 수 있다.

첫째, 실무상 경찰은 다른 법령에 의하여 경찰에게 위임된 사무를 처리하는 경우가 많다. 그런데 다른 법령에 의해 경찰에 위임된 사무를 경찰관 직무집행법에서 예외없이 모두 규정하는 것은 입법기술상 현실적으로 불가능하다. 따라서 경찰의 직무와 관련하여 "경찰은 다른 법령에 의해 경찰에 위임된 사무를 처리한다"라는 규정을 도입할 필요성이 인정되며, 독일 각주의 경찰법은 이러한 점을 분명히 규정하고 있다. 결국 이러한 사정을 고려하면 개정권고안 제2항과 같은 규정을 마련하는 것이 바람직하다.

둘째, 개인의 권리 보호는 원칙적으로 민사법원 및 그 집행기관에 맡겨져 있다고 할 것이다. 따라서 경찰은 경찰의 개입 없이는 그의 실현이 불가능하거나 현저하게 곤란한 경우에만 개인의 권리를 보호하기 위하여 개입할 수 있다.[6] 이 같은 점을

---

6 이를 보충성의 원칙(Subsidiaritätsprinzip)이라고 하는바, 이는 경찰에 의한 보호가 가처분이나 압류를 통한

고려할 때, 경찰의 직무와 관련하여 개정권고안 제3항과 같이 "법원에 의한 권리구제가 적시에 행해질 수 없고, 경찰의 개입 없이는 사인의 권리의 실현이 불가능하거나 현저히 곤란한 경우에는 경찰관은 이 법률에 따라 사권의 보호를 위해 개입할 수 있다."라는 조항을 신설할 필요성이 인정된다.

[참고] 외국정부기관 및 국제기구와의 국제협력에 관한 논의

현행 경찰관 직무집행법 제2조 제6호(개정권고안 제2조 제7호)는 '외국정부기관 및 국제기구와의 국제협력'을 경찰관의 직무범위로 열거하고 있는데, 동 조항에 대해서는 다음과 같이 평가가 갈리고 있다. 즉,

(1) 긍정적으로 평가하는 견해는 동 조항으로 인해 직무규범이 갖는 활동영역설정기능(raumeröffnende Funktion)에 따라 외국 및 국제기구와의 경찰업무 협력이 경찰의 활동범위 내에 있음이 명확하게 되고, (동 조항의 권한규범성을 인정하는 경우) 국내 타 기관과는 별도로 경찰이 독자적으로 외국 등과 해당 작용을 수행할 수 있는 근거가 될 수 있다는 점을 강조하고 있다.

(2) 부정적으로 평가하는 견해는 우선 외국 혹은 국제경찰기구와의 협력을 우리나라 경찰의 임무로서 법률에 명시해야 하는지에 대하여 의문을 제기한다.[7] 한편 이 조항에도 불구하고 경찰의 독자적 국제협력은 실질적으로는 위험방지(Gefahrenabwehr) 내지 예방경찰(präventive Polizei)작용에만 한정하여 이루어지게 되는데,[8] 이 또한 동 조항의 필요성에 대한 부정적 평가의 이유가 될 수 있다.

(3) 결어: 현행 경찰관 직무집행법 제2조 제6호에 대한 부정적 평가에도 불구하고, 현행 규정은 경찰청을 중심으로 한 경찰기관이 적어도 위험방지 또는 예방경찰 영역에서는 독자적으로 외국 및 국제경찰기구와 국제협력을 행할 수 있는 가능성을 명확히 하는 기능을 갖는다고 볼 것이므로 존치시켜도 무방하다고 생각한다.

　　가장 신속한 민사소송상의 권리구제보다도 신속한 경우에만 경찰이 사권의 보호를 위하여 개입할 수 있다는 것을 의미한다.

7 이러한 의문을 표하는 견해는 경찰은 기본적으로 국내의 공공의 안전과 질서유지를 위한 기관이라는 점, 그리고 국제적 공조가 더욱 필요해지고 있음은 분명하지만, 국제 조약에 근거하거나 다른 국가들이 상호주의에 입각한 국제협력을 보증하여 자국의 경찰관련 법제에서 우리와 유사한 조문을 두지 않는 상황에서는 외국 혹은 국제기구와의 협력을 우리나라 경찰의 임무로 명시하는 것이 균형이 맞지 않을 수 있다는 점을 지적하고 있다.

8 왜냐하면 수사와 형사재판에 대한 국제 공조에 관하여는 「국제형사사법 공조법」이 별도로 규율하도록 되어 있는데, 동법은 외교부장관, 법무부장관, 검사장, 검사 등을 외국과의 수사, 형사재판에 대한 공조에 있어 주요 작용 기관으로 정하고 있기 때문이다(동법 제11조 이하 참조). 뿐만 아니라 동법 제29조는 사법경찰관은 검사에게 신청하여 외국에 대한 수사공조요청을 할 수 있으며, 제39조는 일정한 경우 형사소송법이 준용된다고 정하고 있어 경찰은 수사와 형사재판에 있어 독자적으로 국제협력의 임무를 수행하기 곤란한 문제도 있기 때문이다.

3. 제3조(비례의 원칙)   [서정범]

현 경찰관 직무집행법	개정권고안
	제3조(비례의 원칙) ① 경찰의 조치는 목적달성에 적합하여야 한다. ② 다수의 적합한 조치가 존재하는 경우, 경찰은 개인과 공중에게 가장 적은 피해를 줄 것으로 예견되는 조치를 취하여야 한다. ③ 경찰의 조치는 그 조치를 통해 얻어지는 이익보다 더 큰 불이익을 초래하여서는 아니 된다.

1) 제정 취지

(1) 비례의 원칙에 관한 규정의 제정 필요성

비례의 원칙은 경찰(행정)법의 일반원칙으로서 별도의 규정이 설치되어 있지 않아도 경찰작용을 행함에 있어 당연히 고려되어야 한다. 이 때문에 현행 경찰관 직무집행법 제1조 제2항 역시 비례의 원칙의 요소로 볼 수 있는 내용을 규정하고 있다. 물론 이러한 규정방식에 대하여는 경찰관 직무집행법 각 조가 비례의 원칙의 표현으로 볼 수 있는 내용을 갖고 있으므로 굳이 비례의 원칙을 경찰관 직무집행법에 따로이 규정할 필요는 없다는 반론도 있다.

그러나 비례의 원칙의 요소를 이루는 여러 원칙들이 동법 각 조에 충분히 반영되어 있지 않은 경우도 있을 수 있으며, 경찰작용을 행함에 있어 준거할 대원칙을 천명하는 것은 경찰관 직무집행법 각 조에 대한 이해도가 상대적으로 부족한 일반 국민(내지 일부 경찰관)에 대한 설득 내지 교육적 효과를 높이는 데에도 기여할 수 있다고 생각한다. 이러한 시각에 기초하여 비례의 원칙을 규정할 것을 제안한다. 한편 이러한 시각에 기초하여 비례의 원칙을 별도로 규정한다고 하면, 비례의 원칙에 관한 오늘날의 논의를 반영하여 비례의 원칙을 구성하는 여러 요소를 모두 규정하는 것이 바람직하다고 생각한다.

(2) 비례의 원칙의 내용

개정권고안 제1항은 적합성의 원칙을, 제2항은 필요성의 원칙을, 제3항은 상당성의 원칙을 규정한 것이다. 한편 상당성의 원칙에 관한 제3항은 독일의 입법례를 고려하여 "경찰의 조치를 통해 달성될 이익과 비례관계에 있지 않은 손해를 초래하여서는 아니 된다."라고 규정하고자 했다. 그러나 제3항에 관한 논의과정에서 비례의 원칙을 규정하면서 다시 '비례'라는 개념을 사용하는 것은 동어반복 내지 순환논리적 성격을 띠게 되는 면이 있다는 지적이 있었고, 그러한 지적의 합리성이 인정되었다. 따라서 그러한 문제점을 보완하여 제3항은 "경찰의 조치는 그 조치를 통해 얻어지는 이익보다 더 큰 불이익을 초래하여서는 아니 된다."라고 규정하고자 한다.

[참고] 경찰책임의 원칙의 규정

(경찰)비례의 원칙 이외에 경찰작용법의 내용으로 고려해야 하는 중요한 사항 중 하나가 바로 경찰권 발동의 대상을 획정하는 경찰책임의 원칙이라는 것은 의심의 여지가 없으며, 실제로 독일의 경우 각 주의 경찰법은 예외없이 경찰책임의 원칙에 관한 규정을 갖고 있다. 이러한 이론적 중요도 및 입법례를 고려할 때 경찰책임의 원칙에 관한 내용이 경찰관 직무집행법에 담겨야 한다는 주장이 반복되어 나타나고 있는 것은 전혀 이상한 일이 아니며, 워킹그룹 위원 중 상당수 또한 그와 의견을 같이 한다. 그러나 비록 장기적으로는 경찰책임의 원칙이 입법이 필요한 영역이라는 것을 인정한다고 하더라도 우리나라 일반 국민들의 경찰(행정)법에 대한 이해도를 고려할 때, 아직까지는 이러한 내용을 경찰관 직무집행법에 마련하는 것은 시기상조라는 의견이 조금 더 지배적이어서, 경찰책임의 원칙은 개정권고안에 반영하지 않았다.

---

4. 제4조(직무질문 등)   [박병욱]

현 경찰관 직무집행법	개정권고안
제3조(불심검문) ① 경찰관은 다음 각 호의 어느 하나에 해당하는 사람을 정지시켜 질문할 수 있다. 　1. 수상한 행동이나 그 밖의 주위 사정을 합리적으로 판단하여 볼 때 어떠한 죄를 범하였거나 범하려 하고 있다고 의심할 만한 상당한 이유가 있는 사람 　2. 이미 행하여진 범죄나 행하여지려고 하는 범죄행위에 관한 사실을 안다고 인정되는 사람 ② 경찰관은 제1항에 따라 같은 항 각 호의 사람을 정지시킨 장소에서 질문을 하는 것이 그 사람에게 불리하거나 교통에 방해가 된다고 인정될 때에는 질문을 하기 위하여 가까운 경찰서·지구대·파출소 또는 출장소(지방해양경찰관서를 포함하며, 이하 "경찰관서"라 한다)로 동행할 것을 요구할 수 있다. 이 경우 동행을 요구받은 사람은 그 요구를 거절할 수 있다. 〈개정 2014.11.19, 2017.7.26〉 ③ 경찰관은 제1항 각 호의 어느 하나에 해당하는 사람에게 질문을 할 때에 그 사람이 흉기를 가지고 있는지를 조사할 수 있다. ④ 경찰관은 제1항이나 제2항에 따라 질문을 하거나 동행을 요구할 경우 자신의 신분을 표시하는 증표를 제시하면서 소속과 성명을 밝히고 질문이나 동행의 목적과 이유를 설명하여야 하며, 동행을 요구하는 경우에는 동행 장소를 밝혀야 한다. ⑤ 경찰관은 제2항에 따라 동행한 사람의 가족이나 친지 등에게 동행한 경찰관의 신분, 동행 장소, 동행 목적과 이유를 알리거나 본인으로 하여금 즉시 연락할 수 있는 기회를 주어야 하며, 변호인의 도움을 받을 권리가 있음을 알려야 한다. ⑥ 경찰관은 제2항에 따라 동행한 사람을 6시간	제4조(직무질문 등) ① 경찰관은 다음 각 호의 어느 하나에 해당하는 사람을 정지시켜 질문할 수 있다. 　1. 수상한 행동이나 그 밖의 주위 사정을 합리적으로 판단하여 볼 때 어떠한 죄를 범하였거나 범하려 하고 있다고 의심할 만한 상당한 이유가 있는 사람 　2. 그 밖에 위해방지를 위하여 상당한 이유가 있는 경우 ② 경찰관은 제1항에 따라 사람을 정지시켜 질문하는 경우 신원이나 거주관계를 확인할 필요가 있으면 신분증의 제시를 요구할 수 있고, 이에 응하지 않는 경우 지문대조·채취, 사진촬영 등 필요한 범위 내에서 최소한의 조치를 할 수 있다. ③ 경찰관은 제1항 각 호의 어느 하나에 해당하는 사람에게 질문을 할 때에 그 사람이 흉기를 가지고 있는지를 조사할 수 있다. ④ 경찰관은 제1항이나 제2항에 따라 질문을 하거나, 신원, 거주관계 확인을 요구할 경우 정복근무 중인 경우 이외에는 자신의 신분을 표시하는 증표를 제시하면서 소속과 성명을 밝히고 질문이나 신원, 거주관계 확인의 목적과 이유를 설명하여야 한다. ⑤ 제1항부터 제3항까지의 규정에 따라 직무질문, 신원 및 거주관계 확인, 흉기조사를 요구받은 사람은 형사소송에 관한 법률에 따르지 아니하고는 신체를 구속당하지 아니하며, 그 의사에 반하여 답변을 강요당하지 아니한다.

을 초과하여 경찰관서에 머물게 할 수 없다.
⑦ 제1항부터 제3항까지의 규정에 따라 질문을 받거나 동행을 요구받은 사람은 형사소송에 관한 법률에 따르지 아니하고는 신체를 구속당하지 아니하며, 그 의사에 반하여 답변을 강요당하지 아니한다.

1) 개정 취지 및 이유

현행 경찰관 직무집행법 제3조 불심검문 조항에 따르면 경찰관이 △ 수상한 행동이나 그 밖의 주위 사정을 합리적으로 판단하여 볼 때 어떠한 죄를 범하였거나 범하려 하고 있다고 의심할 만한 상당한 이유가 있는 사람, △ 이미 행하여진 범죄나 행하여지려고 하는 범죄행위에 관한 사실을 안다고 인정되는 사람에 대하여 정지시켜 질문할 수 있다고 규정하고 있지만, 당사자가 경찰관의 요구에 불응하면서 보행을 계속하거나 차량운전을 계속하는 경우 사실상 경찰관이 당사자를 물리적으로 강제할 수 있는 법률상의 수단은 없다.

현행 불심검문의 일부 상황 중 형사소송법 제211조(현행범인과 준현행범인) 제2항 제4호의 규정에 따라 (경찰실무에서도 종종 활용되는) '누구임을 물음에 대하여 도망하려는 때'에 해당되는 것으로 보아 준현행범으로 체포할 수 있는 경우도 있겠지만, 이 요건에 해당되려면 경찰관의 질문을 듣고 나서 대상자가 도망하는 행위가 있는 경우에 한정된다. 뿐만 아니라 단지 도망한다는 이유로 준현행범으로 체포하는 부분에 대해서는 준현행범 규정이 지나치게 무영장 체포의 대상을 확대하고 있다는 비판이 형사법 학계에서 제기되기도 한다.[9] 따라서, 단순히 경찰관 직무집행법이 정하는 요

---

9 김대성, 현행법상 현행범인 체포제도의 문제점과 개선방안, 형사법연구 제25권 제1호, 280쪽 이하. 이 논문은 형사소송법이 준현행범인 유형을 영장주의의 예외로 인정되는 현행범인에 준(準)하는 준현행범인으로 인정하려면 그 본질에 있어서 현행범인과 공통점이 있거나 상당한 정도의 유사성이 있어야 되는데, 현행 형사소송법 규정은 이러한 유사성이 없음에도 불구하고 준현행범인을 현행범인과 마찬가지로 취급한다는 점에서도 문제를 제기한다. 즉, 현행범인의 경우 영장없는 체포가 가능한 사유는 '범죄의 명백성', '긴급한 체포의 필요성'인데 준현행범인의 요건으로 제시되는 형사소송법 제211조 제1항 제1호 내지 제4호는 그와 같은 부분이 전혀 발견되지 않는다는 것이다. 논문은 이런 점에서 현행 형사소송법의 준현행범인 규정을 폐지하고 동 규정 제1호 내지 제4호에 해당되는 사정이 있는 경우 개별적·구체적 사안에 따라 긴급체포의 상황으로 취급하면 될 것이고, 범죄혐의가 있는 준현행범인이라면 경찰관 직무집행법상의 불심검문이나 주민등록법상의 주민등록증 제시요구를 통해서 현장에서 간단한 조사를 행하고 신원을 확인할 것을 주장한다. 이와 같은

건에 대한 합리적 의심의 단계에서 당사자가 질문에 대답하지 않거나 신원을 밝히지 않고 단지 도망한다는 이유로 준현행범체포하는 것도 이와 같은 비판을 피해갈 수는 없다. 언급했듯이 이와 같은 준현행범 해당 사유는 불심검문 유형 중 매우 극소수의 유형에 해당되어 일반적인 불심검문 상황에 대한 포괄적 대응으로는 적절하지 못하다.

경찰관이 당사자의 거동에 대한 합리적 의심을 제시하고 질문과 신원확인 요구를 하였음에도 불구하고 당사자가 신원마저 밝히지 않음으로 인해서 스토킹, 여성 상대 성추행 등의 사건에서 국민의 생명·신체 보호를 위한 경찰의 예방적, 진압적 기능이 매우 위축되고 있는 것이 사실이다.

비록 사정이 그렇다고 하더라도 경찰이 당사자의 거동에 대해 합리적 의심에 기반하여 신원확인을 요구하고 이를 당사자가 거부했다고 해서 모든 경우에 바로 형사상 체포나 행정법상 직접적인 강제의 방법을 투입하는 것은 개인의 자유 영역에 대한 지나친 침해로 과잉금지의 원칙에 위반될 수 있다.

이러한 점을 감안하여 현장의 경찰(공무원)이 가지는 직무질문 대상자의 거동에 대한 합리적 의심에 대하여 대상자가 이에 대한 의심점을 해소할만한 답변을 하지 않는 경우 최소한 간접적인 방법으로 신원확인을 강제함으로써 경찰의 시민 생명·신체 보호를 위한 예방적, 진압적 안전임무 수행을 위한 기능을 담보할 필요가 있다고 생각된다.

이와 같은 간접적 강제의 방법의 하나로 (합리적 의심의 대상이 된 당사자가 의심점에 대한 충분한 해소사유를 제시하지 못한 채 신원을 밝히기를 거부하는 경우) 경찰관의 당사자에 대한 지문대조·채취 요구규정을 신설하였다. 이를 거부하는 경우에는 범죄피의자로 입건된 사람이 정당한 이유없이 신원을 밝히기를 거부하는 경우 경범죄 처벌법 제3조 제34호 (지문채취불응)에 따라 10만원 이하의 벌금, 구류 또는 과료의 형에 처해지는 것을 참고할 수 있겠으나 직무질문 시 신원 및 거소확인을 위한 신분증 제시 요구를 거절하는 것을 (경)범죄로 규정하여 벌금, 구류 또는 과료의 형벌을 부과하는 것은 과잉입법에 해당될 수 있다.

형사법 논문의 방향성에 대해서는 전적으로 동의하지만, 이 논문은 준현행범인이 불심검문에 따른 신원확인, 주민등록증 제시요구를 거부할 경우에 어떻게 그 신원을 확보하고 현장에서 간단한 조사를 행할 수 있을 것인지에 대해서는 언급하지 않고 있다. 이 영역은 경찰행정법을 전공하는 학자들이 형사법학자들과 머리를 맞대어 고민해야 할 영역이라고 생각된다.

따라서, 지문대조·채취 요구를 통해 경찰관의 신원확인의 가능성을 열어주되 당사자가 이러한 요구에 응하지 않는 경우에 대한 대응방안으로 물리적·신체적 강제 내지 체포, 단기간 구금[10] 및 위에서 언급한 벌금보다는 약하다고 볼 수 있는 현장에서의 얼굴사진촬영을 도입하도록 한다.[11] 스토킹, 여성상대 성추행의 경우에도 신원 및 거소확인 거부자에 대한 간접강제로서의 벌금 부과 그 자체보다도 대상자의 신원 및 거소확인을 통한 정보획득이 향후 범죄예방 및 수사를 위하여 핵심적인 사안일 것이다. 따라서, 신원확인 요구에 대한 벌금 부과가 가지는 과잉금지의 논란을 피하면서 (지문대조·채취 거부시) 신원 및 거소정보획득에도 활용될 수 있고, 향후 범죄예방에 활용될 수 있는 사진촬영을 규정한 것이다. 기본권 침해의 정도를 고려하면 경찰관의 지문대조·채취 요구를 거부하는 경우 사진촬영으로 나아가는 것이 바람직하겠지만, 지문대조·채취를 통하여 현장에서 신원확인이 되지 않는 경우에도[12] 사진촬영을 허용하는 것이 타당하다고 생각된다.

경찰관이 합리적 의심이 인정될 만한 사정이 아님에도 불구하고 얼굴사진 촬영 등으로 나아간 점이 있다면 경찰공무원이나 국가를 상대로 한 손해배상청구를 인정함으로써 부문별한 사진촬영을 억제하도록 할 필요가 있다. 또한, 명백히 고의로 이와 같은 신원확인을 위한 사진촬영 권한을 남용하였을 경우 직권남용 등의 죄책을 면할 수 없다는 점도 가능한 한 형사소송법보다는 경찰관 직무집행법 자체에 규정할 필요가 있을 것이다. 현행 경찰관 직무집행법 제12조(벌칙)[13] 규정 중 "이 법에 규정된 경찰관의 의무를 위반하거나"가 그와 같은 직권남용의 사유에 해당될 수 있을 것이다.

이외에도 사진촬영과 관련된 개인정보에 대한 보호는 개인정보 보호법을 따라야 할 것이다.

---

10 물론, 현행법상으로도 단순한 불심검문 불응에 대하여 체포나 구속은 허용되지 않는다.
11 박병욱, 위험방지영역의 불심검문과 실효성 확보방안, 형사정책연구, 제24권 제2호(통권 제96호), 2013, 79쪽 이하. 본 논문은 판사의 적법성 통제라는 담보를 전제로 지문채취, 사진촬영을 허용하자는 취지인데 반하여, 개정권고안에서는 지문대조·채취는 직접강제의 방법이 아니라 그 불응 시 간접강제 및 위하의 방법으로 경찰관이 현장에서 사진촬영을 할 수 있도록 하자는 것이다.
12 예컨대, 지문이 사라진 경우를 생각해볼 수 있을 것이다.
13 제12조(벌칙) 이 법에 규정된 경찰관의 의무를 위반하거나 직권을 남용하여 다른 사람에게 해를 끼친 사람은 1년 이하의 징역이나 금고에 처한다.

현행 경찰관 직무집행법 제3조 제1항의 정지와 질문의 본문 규정은 변경하지 않고 같은 항 제1호의 요건도 현행법의 입법취지, 대법원의 판례 등을 고려하여 변경하지 않는다. 다만, 같은 항 제2호는 합리적 의심을 받는 당사자가 아닌 관련된 사실을 안다고 인정되는 다른 사람을 상대로 하는 것으로 그 대상을 지나치게 확대시켰고, 또한 해당 요건은 경찰실무에서도 거의 활용되지 않는다는 점을 고려하여 삭제하도록 한다. 이를 대신하여 '2. 그 밖에 위해방지를 위하여 상당한 이유가 있는 경우'를 추가하도록 한다. 이로써 같은 항 제1호가 포괄하지 못하는 안전사고 등 시민의 생명·신체에 대한 위험방지와 관련된 영역까지 아우를 수 있도록 하였다. 경찰관 직무집행법의 (형사법에 대비되는) 위험방지법적 성격을 강조한다는 측면도 있겠다. 그리고 어감이 좋지 않은 일본식 제명인 '불심검문'은 '직무질문 등'으로 개정한다.

2) 개별 개정 내용에 대한 해설

(1) 신원·거소 확인의 의의

현행 경찰관 직무집행법의 불심검문은 죄를 범하였거나(범죄진압 및 수사), 범하려 하고 있다고(범죄예방, 위험방지) 의심할 만한[14] 상당한 이유가 있는 사람을 상대로 정지, 질문, 흉기조사, 임의동행할 수 있도록 경찰관에게 권한을 부여한 규정이다. 헌법상 기본권으로서의 일반적 행동의 자유, 거주이전의 자유에 따라 모든 사람은 타인의 자유를 해하지 않는 한 누구나 자유로이 행동하고, 거주이전하는 것이 보장된다.

그럼에도 불구하고 거주(주소)는 복지, 학교행정, 징집, 선거인명부 작성, 세금 등의 기초가 되는 것이므로 개인이 출생 및 거소신고를 국가에 하지 않으면 혼인, 취학 등 정상적인 사회생활에서 엄청난 법적 피해를 입게 되고, 개인이 신원 및 거주관계를 국가에 알리지 않는 경우 국가에 의한 사회적 부조(저소득청 생계지원, 아동복지수당, 노령연금 등)도 받을 수 없어 언급한 영역에서 국가에 신원 및 거주관계를 알리지 않는 것은 일반적으로 기대하기 어렵다.

물론, 주민등록이 말소된 노숙자가 국가의 도움을 거부하면서 무적의 상태로 남겠다거나, 주민등록이 되어 있더라도 관계 공무원에게 국가의 도움을 필요로 하지 않는다고 말하면서 자신의 신원 및 거주관계를 알리지 않는 경우도 있을 것이다.

---

14 물론, 합리적 의심이어야 한다.

하지만 이와 같은 사회부조 영역에서의 신원 및 거소확인 거부는 자신을 향한 국가의 도움을 거절한다는 측면이기에 타인에게 해악을 가한다는 측면은 사실상 발견하기 어렵다. 또한, 국가적 부조 거부에 대한 당사자의 자기결정권의 측면도 고려되어야 할 것이다. 하지만,[15] 범죄의심을 받는 경우나 공공의 안녕, 질서에 대한 위험을 방지하기 위해서 상당한 이유가 있는 경우는 타인의 자유 및 안전과 직결될 수 있고, 사회적 관련성이 있으므로 엄격한 요건에 따라 개인의 자유 내지 자기결정권 침해적인 조치일 수 있는 신원 및 거소확인이 필수적인 경우가 있을 수 있다. 즉, 신원 및 거소확인이 경찰목적 달성을 위한 점이라는 측면이 분명히 제시되고, 신원 및 거소확인의 과정에서 개인의 자유에 대한 엄격한 내용적·절차적 요건이 설정되는 경우에는 상대방의 의사에 반하는 신원 및 거소확인이 국가 및 그 기능을 수행하는 경찰관의 정당한 권한으로 인정될 수 있을 것이다.

(2) '질문'과 의사에 반하는 '신원확인'

경찰의 신원, 거주관계 확인 전단계 과정으로 행해지는 거동 등에 대한 '질문'은 이보다는 더 완화된 기준에서 행해질 수 있겠지만, 이 경우에도 제4조(직무질문 등) 각 호의 요건이 충족되는 경우에 경찰의 정당한 '질문'으로 인정될 수 있을 것이다.

불심검문(개정권고안: 직무질문 등)에는 "내가 무슨 행동이나 사정을 근거로 어떤 의심을 받아서 국가에게 나의 행동이나 사정에 대하여 소명해야 하는지?"에 대하여 일반인이 수용할 수 있는 요건을 설정해야 하고, 경찰측이 가지는 합리적 의심사항에 대한 소명이 충분하지 않는 경우 당사자에 대한 거주관계, 신원확인의 과정이 엄격한 절차적 정의를 충족하는 가운데 허용될 수 있을 것이다.

앞서도 언급하였듯이 거동 등에 '질문'의 대상자인 상대방이 발화(대답)하지 않는 경우 이를 기술적으로 강제하거나 상대방의 생각을 읽을 수 있는 현대기술적 수단은 없고 (그러한 현대 과학기술이 개발되더라도 현실에서 적용하는 것은 당연히 바람직하지 못하다), 현행 경찰관 직무집행법 제3조 제7항에서는 질문 대상자에게 '그 의사에 반하여 답변을 강요당하지 아니한다', '형사소송에 관한 법률에 따르지 아니하고는 신체를

---

15 「감염병의 예방 및 관리에 관한 법률」에 따른 감염병 예방 영역은 개인으로 보았을 때는 사회부조적 성격도 강하지만 다른 측면에서는 감염병으로 인한 타인의 생명, 신체의 건강 등 공공의 안녕, 질서에 대한 위험 방지와 직접 관련된 영역이기도 하다. 이런 측면 때문에 감염병 확진자 등에 대한 강제입원조치도 가능하다.

구속당하지 아니한다'라고 규정하고 있으므로 '질문'과 관련된 더 이상의 경찰조치는 생각할 수 없다.

결국 '질문'의 방법으로 경찰 측의 합리적 의심이 해소되지 않는 경우에는 경찰은 대상자에게 '신원 및 거주관계 확인'을 위한 신분증 제시요구를 통하여 당사자의 거동과 관련된 주변 상황을 확인하는 방법으로 나아가는 것이 최후의 수단이다. 이 경우에도 '신원 및 거주관계 확인'은 필요한 범위 내에서 최소한도로 행해져야 함은 물론이다. 이와 같이 수집된 자료는 일단 현장에서의 합리적 의심상황의 해소에 이용되는 것이 가장 우선적이겠지만, 목적구속의 원칙 등 개인정보 보호의 원칙이 준수되는 가운데 향후 유사한 경찰 상황에 대한 범죄예방을 위해 활용될 수도 있다. 대상자가 이에 불응하는 경우 경찰이 당사자에 대한 직접 또는 간접강제의 방법으로 신원 및 거주관계 확인을 강제할 것인지의 여부와 정도는 개별 국가의 입법정책의 문제이다.

기본적으로 국가 및 그 임무를 수행하는 경찰관이 직무질문을 수행할 권한이 있다고 해서 반드시 직무질문이 상대방에게 정보를 제공할 의무를 부과하는 것은 아니며, 정보제공의무의 범위와 한계는 법률규정에 정해진 바에 따라 인정될 수 있는 것이다.[16] 여기서는 일정한 내용적·절차적 요건에 따라 신원 및 거소를 확인하기 위한 신분증 제시요구에 불응하는 경우 지문대조·채취를 요구할 수 있도록 하고, 이마저도 불응 시 최후의 수단으로 상대방의 의사에 반한 사진촬영을 할 수 있도록 하였다.

또한, 형사소송법을 준용하여 질문과 관련된 진술거부권이 인정될 수 있겠지만, 그 정보가 개인의 생명, 신체 또는 자유에 대한 위험방지를 위하여 필요한 경우에는 진술거부가 부인될 수 있을 것이다.[17] 하지만 위법하게 수집된 증거의 사용금지 원칙은 이 경우에도 유효하게 적용되어야 할 것이다.[18]

질문, 신원확인의 대상이 된 자가 신원확인을 거부하는 경우 서구 선진국은 입법에 의하여 과태료 또는 형벌위하 등 의한 간접강제, 그리고 지문·장문(掌紋)채취, 사진촬영 등 직접강제를 법률로 규정하고 있다.[19]

---

16 서정범/박병욱, 쿠겔만의 독일경찰법, 세창출판사, 2015, 239쪽.
17 서정범/박병욱, 앞의 책, 240쪽.
18 서정범/박병욱, 앞의 책, 240쪽.
19 아래 참고설명은 김형훈/이영돈, 경찰관 직무집행법, 경찰대학, 2015, 93쪽의 내용을 수정·보충한 것이다.

[참고] 각국의 신원확인 입법

- **독일**: 개별주의 경찰법에 신원확인 불가 또는 곤란 시 지문채취·사진촬영 등 강제감식조치로 신원확인할 수 있도록 하는 규정이 존재(예: 노르트라인 베스트팔렌주 경찰법 제14조 등)
 * 신원확인을 위한 진술거부 및 허위진술의 경우 질서위반행위규제법 제111조에 따라 최고 1,000유로의 과태료가 부과되는 질서위반행위임을 고지
 * 형사법상 사유인 경우 신원확인 불능 시 신원확인을 위해 필수적으로 소요되는 시간만큼만 판사영장을 전제로 구금가능(형사소송법 제163c조 제1항 제1문). 다만, 판사의 영장을 받기 전에 신원확인이 끝날 것으로 생각되는 경우 판사의 영장을 받지 않음(같은 조 제1항 제2문). 최대 12시간 구금 가능(같은 조 제3항).
- **프랑스**: 신분입증 거부 또는 불능 시 4시간 강제유치, 강제 지문채취 및 사진촬영
 * 신원확인 거부 시 3개월 이하 징역이나 3,750유로 이하 벌금(형사소송법)
- **미국**: 경찰관의 정지명령을 무시하는 등 불심검문 거부 시 수갑을 채우거나, 2시간 내 신체구속 가능(통일체포법 제2조)(뉴햄프셔, 델라웨어, 로드아일랜드주 등)
- **영국**: 불심검문 불응 시 1월 이하의 징역, 1,000파운드 이하 벌금(형사공공질서법)

우리나라의 경우 경찰의 역사적 과오, 국민들의 경찰에 대한 불신으로 경찰이 가지는 의심에 대해 대상자가 소명하지 못하여 신분, 거주관계 확인을 위한 신분증 제시요구를 할 때 그 거부 시 이에 대한 직·간접의 강제절차를 마련하는 것에 대해서 국민들이 상당히 부정적인 인식을 가지고 있는 것으로 보인다. 국민 일반의 인식 뿐만이 아니라 법원의 판례도 그와 같은 기조이다. 상대방이 경찰의 질문, 신원확인 요구에 거부하는 경우 우리나라 판례는 그 목적 달성을 위한 최대치를 정지 거부자에 대하여 경찰관이 자신의 몸으로 대상자의 앞을 가로막거나 전면에서 자전거의 핸들을 잡는 등 '범행의 경중, 범행과의 관련성, 상황의 긴박성, 혐의의 정도, 질문의 필요성 등에 비추어 경찰관의 목적 달성에 필요한 최소한의 범위 내에서 사회통념상 용인될 수 있는 상당한 방법'이라고 하고 있다.[20] 관련 판례들에 따르면 당사자가 신원확인을 거부하는 경우 경찰관이 상대방의 의사에 반하여 바지에 손을 넣어 강제로 지갑을 꺼내서 그 속의 신분증을 확인하는 등의 방법은 불법압수수색, 불법체포로서 현행법상 허용되지 않는다.

기술이 발전하여 경찰관이 전자장비 등을 동원하여 외투투시, 지갑투시의 방법으로 외투, 지갑 안에 든 신분증의 내용을 확인할 수 있다면 모르겠지만, 현재 과학

---

20 대법원 2012. 9. 13. 선고 2010도6203 판결.

기술 수준에서는 경찰관이 육안으로 보는 것만으로는 상대방의 지갑속 신분증을 투시하여 읽을 수 없고, 상대방이 의심사안에 대하여 소명하지 않겠다고 함구한다고 하여 그의 뇌(사고)를 투시할 수도 없을 것이다.

이러한 현실적 상황을 고려하는 가운데 현행 주민등록법 제26조가 범인체포 등 범죄수사와 관련하여 대상자의 신원 및 거주관계 확인을 위한 사법경찰관리의 주민등록증 제시요구, 이에 응하지 않은 경우 그 밖의 방법에 따른 신원확인의 가능성, 이마저도 불가능할 경우(범죄의 혐의가 인정되는 상당한 이유가 있을 때) 인근 관계 관서로 동행하여 신원 및 거주관계 확인을 요구할 수 있도록 규정하고 있는 만큼 해당 주민등록법 규정이 경찰관 직무집행법의 개정에 현실적이고 실용적인 나침반이 될 수 있을 것이다.

> **제26조(주민등록증의 제시요구)** ① 사법경찰관리(司法警察官吏)가 범인을 체포하는 등 그 직무를 수행할 때에 17세 이상인 주민의 신원이나 거주 관계를 확인할 필요가 있으면 주민등록증의 제시를 요구할 수 있다. 이 경우 사법경찰관리는 주민등록증을 제시하지 아니하는 자로서 신원을 증명하는 증표나 그 밖의 방법에 따라 신원이나 거주 관계가 확인되지 아니하는 자에게는 범죄의 혐의가 있다고 인정되는 상당한 이유가 있을 때에 한정하여 인근 관계 관서에서 신원이나 거주 관계를 밝힐 것을 요구할 수 있다.
> ② 사법경찰관리는 제1항에 따라 신원 등을 확인할 때 친절과 예의를 지켜야 하며, 정복근무 중인 경우 외에는 미리 신원을 표시하는 증표를 지니고 이를 관계인에게 내보여야 한다.

어감이 좋지 않고 그 의미내용도 불명확한 일본식의 '불심검문'이라는 제명은 제4조 '직무질문 등'으로 바꾸면서, 앞에서 언급한 사정을 감안하여 제4조 제1항의 요건으로 제2호 '그 밖에 위해방지를 위하여 상당한 이유가 있는 경우'를 추가한다. 현행의 제2호('이미 행하여진 범죄나 행하여지려고 하는 범죄행위에 관한 사실을 안다고 인정되는 사람')는 실질적으로 경찰현장에서 활용되는 경우가 거의 없다고 판단되고 '안다고 인정되는 사람'의 자발적 동의를 전제로 질문하는 것은 별도의 법적 근거를 요하지 않으므로 삭제한다.

제2항에는 질문에 이은 신원확인 및 거주관계 확인 규정을 둔다. 이때 주민등록법 제26조의 문구를 적극적으로 참고하여 반영한다.

주민등록법 제26조는 범인체포 등, 즉 수사직무에 한정하여 주민등록증의 제시

요구를 인정하고 있는 규정이므로 개정(안) 제4조 제1항 제2호로 '그 밖에 위해방지를 위하여 상당한 이유가 있는 경우'를 추가함으로써 경찰관 직무집행법의 위험방지법으로서의 성격을 확인한다.

(3) 임의동행 규정 삭제

현행 경찰관 직무집행법 제3조 제2항은 불심검문 대상자에게 "정지시킨 장소에서 질문을 하는 것이 그 사람에게 불리하거나 교통에 방해가 된다고 인정될 때에는 질문을 하기 위하여 가까운 경찰서·지구대·파출소 또는 출장소로 동행할 것을 요구할 수 있다. 이 경우 동행을 요구받은 사람은 그 요구를 거절할 수 있다.", 제3조 제7항은 "… 동행을 요구받은 사람은 형사소송에 관한 법률에 따르지 아니하고는 신체를 구속당하지 아니하며, 그 의사에 반하여 답변을 강요당하지 아니한다."라고 규정한다. 나아가 임의동행과 관련된 대법원 판례 등도 형사소송법과의 관계에서 체포, 구속에 이르지 않는 정도에서 "수사관이 동행에 앞서 피의자에게 동행을 거부할 수 있음을 알려 주었거나 동행한 피의자가 언제든지 자유로이 동행과정에서 이탈 또는 동행장소로부터 퇴거할 수 있었음이 인정되는 등 오로지 피의자의 자발적인 의사에 의하여 수사관서 등에의 동행이 이루어졌음이 객관적인 사정에 의하여 명백하게 입증된 경우에 한하여, 그 적법성이 인정되는 것으로 봄이 상당하다."(대법원 2006. 7. 6. 선고 2005도6810 판결)고 하고 있으므로 이를 벗어나서 불심검문 관련 조항을 입법하는 것은 큰 논란의 소지를 남기게 될 것이다. 요컨대, 헌법 및 형사소송법의 원리를 반영한 이와 같은 대법원 판례의 취지는 당연히 존중되어야 할 것이다.

이 개정권고안에서도 직무질문, 신원·거주관계 확인 및 이를 위한 지문대조·채취, 사진촬영, 흉기조사와 관련하여 대법원 판례의 취지를 적극 존중하였다.

현행 경찰관 직무집행법은 '정지시킨 장소에서 질문하는 것이 그 사람에게 불리하거나 교통에 방해가 된다고 인정될 때'(제3조 제2항) 인근 경찰관서, 지구대·파출소로 동행할 수 있다고 규정하고 있지만, 언급한 대법원 판례에서 이때의 임의동행은 어디까지나 오로지 상대방의 자발적 의사에 기한 경우라야 함을 밝히고 있고, 최근에는 직무질문 현장에서 PDA 단말기 등 발달된 정보통신기술에 의하여 많은 개인 관련 정보가 확인될 수 있을 뿐만이 아니라, 해당 요건은 실제 경찰 실무현장에서 언급한 사정("그 사람에게 불리하거나 교통에 방해가 된다는" 사정)을 이유로 임의동행을 하는 경우는 사실상 거의 없으므로 이 규정은 별도로 존치시킬 필요는 없을 것으로 생각되어 삭제한다.

다만, 개정될 경찰관 직무집행법 제4조 제2항에 따른 '필요한 범위 내에서의 최소한의 조치'로 '임의동행'이 고려될 수 있지만 이것은 어디까지나 예외적인 사정이고(즉, 현장 질문 및 현장 신원확인이 원칙), 범인체포 등을 위한 경우에는 현행 주민등록법 제26조 및 형사소송법에 따른 임의동행이 행해지는 것으로 충분할 것이다. 물론, 상대방이 경찰의 질문이나 신원확인요구에 응하지 않거나 합리적이지 못한 답을 제시하면서 현장을 이탈하는 경우 경찰관이 뒤쫓는 것은 여전히 허용된다.

요컨대, 주민등록법 제26조의 '범인을 체포하는 등 그 직무를 수행'하는 경우이거나 형사소송법에 따른 체포, 구속, 압수수색을 하기 위한 경우 이외에는 경찰관 직무집행법 제4조 제2항에 따른 '필요최소한의 조치'로서의 임의동행은 원칙적으로 인정되지 않는 것으로 규정한다.

3) 정리

먼저 어감이 좋지 않은 일본어식 제명인 '불심검문'은 '직무질문'으로 개정하였다. 대법원 판례를 존중하는 범위 내에서 정지시켜 질문을 행할 수 있는 요건과 방법에 대해서는 수정을 가하지 않고 다만, 개정권고안 제4조 제1항 각 호의 요건 중 제2호의 요건으로 '그 밖에 위해방지를 위하여 상당한 이유가 있는 경우'를 추가하였다. 이것은 현행 경찰관 직무집행법 제3조 제1항 제1호의 요건보다 다소 넓은 범위라고 보일 수도 있지만, 최근 '위험'의 개념에 대하여 학문적으로 상당한 연구가 행해져 그 기준이 정립되고 있고, 그 요건으로 '상당한 이유'를 붙여 경찰관의 '질문'의 요건에 대한 제한을 하고 있으므로 위험방지법으로서의 경찰관 직무집행법의 성격을 확인하는 수준의 개정이라고 생각된다.

개정권고안에 따르면 '질문'의 방법으로 경찰측의 합리적 의심이 해소되지 않는 경우[21] 경찰관은 필요한 범위 내에서 최소한의 조치로 신원 및 거소관계 확인, 이를 위한 신분증 제시요구를 현장에서 행할 수 있다. 현장에서 신원 및 거소관계 확인이 안 되는 경우에는 현행 불심검문 관련 임의동행 규정이 현장에서 사실상 사용되지 않는다는 점도 감안하여 불심검문을 위한 경찰관서로서의 임의동행은 원칙적으로 경

---

21 합리적 의심이 해소된다면 경찰관은 더 이상의 직무질문과 신원확인 요구를 중단하여야 할 것이다.

찰관 직무집행법에서 규정하지 않는다.

　다만, 현행 주민등록법 제26조에 따른 범인체포 등의 직무(형사소송법에 따른 체포, 구속, 압수수색)를 위한 경우, 즉, 형사소송절차로서의 경찰 직무를 위한 '임의동행'의 경우에는 경찰관 직무집행법이 아니라 언급한 주민등록법, 형사소송법을 주된 근거로 여전히 허용될 수 있을 것이다.

　경찰 측의 '신원 및 거소관계 확인'을 위한 신분증 제시요구에 대해 당사자가 거부하는 경우 외국 법제와 같은 자유형·재산형의 형벌, 체포, 강제적 감식조치로서의 직접강제적 지문채취는 우리나라 국민들의 법감정, 경찰권 남용 우려 등을 고려하여 도입하지 않는다.

　다만, 간접강제 방법의 하나로(합리적 의심의 대상이 된 당사자가 신분증 제시요구에 불응하면서 신원을 밝히기를 거부하는 경우) 경찰관의 당사자에 대한 지문대조·채취 요구규정을 신설한다. 직무질문의 일환으로서의 지문대조·채취 요구를 거부할 경우 경범죄 처벌법 제3조 제34호 (지문채취불응)와 같은 10만원 이하의 벌금, 구류 또는 과료의 형벌을 부과하는 간접강제의 방식은 과잉금지 원칙 위반의 우려가 있으므로 입법적인 개선안으로는 제외한다. 대신 지문대조·채취 거부의 경우 최후의 방법으로 물리적·신체적 강제 내지 체포, 단기간 구금(징역), 위에서 언급한 벌금 등 형벌보다는 약하다고 볼 수 있는 현장에서의 얼굴사진 촬영을 도입한다. 경찰관은 사진촬영 시 체포·구속에 이르는 정도로 신체에 대한 유형력을 행사해서는 안 될 것이다.

　경찰관이 합리적 의심이 인정될 만한 사정이 아님에도 불구하고 얼굴사진 촬영 등으로 나아간 점이 있다면 경찰공무원이나 국가를 상대로 한 손해배상청구를 인정함으로써 부문별한 사진촬영을 억제하도록 할 필요가 있다. 또한, 경찰관이 명백히 고의로 최후의 수단으로서의 신원확인을 위한 사진촬영 권한을 남용하였을 경우 현행 경찰관 직무집행법 제12조(벌칙)를 적용하여 엄격히 처벌·위하하도록 하고, 사진촬영으로 얻은 정보는 개인정보 보호법에 따라 철저히 관리하도록 한다. 나아가 개정 경찰관 직무집행법 제4조 제4항에도 질문, 신원 및 거소관계 확인 전에 '정복 근무 중인 경우 이외에는' 이라는 규정을 추가함으로써 현행 주민등록법 제26조 제2항과의 정합성을 고려한다.

5. 제5조(사실확인과 개인정보의 처리) [이성용]

현 경찰관 직무집행법	개정권고안
제8조(사실의 확인 등) ① 경찰관서의 장은 직무 수행에 필요하다고 인정되는 상당한 이유가 있을 때에는 국가기관이나 공사(公私) 단체 등에 직무 수행에 관련된 사실을 조회할 수 있다. 다만, 긴급한 경우에는 소속 경찰관으로 하여금 현장에 나가 해당 기관 또는 단체의 장의 협조를 받아 그 사실을 확인하게 할 수 있다. ② 경찰관은 다음 각 호의 직무를 수행하기 위하여 필요하면 관계인에게 출석하여야 하는 사유·일시 및 장소를 명확히 적은 출석 요구서를 보내 경찰관서에 출석할 것을 요구할 수 있다. 　1. 미아를 인수할 보호자 확인 　2. 유실물을 인수할 권리자 확인 　3. 사고로 인한 사상자(死傷者) 확인 　4. 행정처분을 위한 교통사고 조사에 필요한 사실 확인	제5조(사실확인과 개인정보의 처리) ① 경찰관은 제2조의 직무를 수행하기 위하여 필요한 한도 내에서 개인정보를 수집·이용할 수 있다. ② 경찰관서의 장은 직무 수행에 필요하다고 인정되는 상당한 이유가 있을 때에는 국가기관이나 공사단체 등에 직무 수행에 관련된 사실을 조회할 수 있다. 다만, 긴급한 경우에는 소속 경찰관으로 하여금 현장에 나가 해당 기관 또는 단체의 장의 협조를 받아 그 사실을 확인하게 할 수 있다. ③ 개인정보의 수집은 다른 법률에 특별한 규정이 있거나 직무수행을 위해 불가피한 경우를 제외하고는, 정보주체의 동의를 받아 공개적으로 하여야 한다. ④ 개인정보 보호법 제23조 제1항에 따른 민감정보는 범죄수사 대비나 공공의 안녕질서에 대한 중대한 위험방지를 위하여 필요한 경우에 한하여 수집, 분석할 수 있으며, 이 경우에도 개인정보 보호법 제29조에 따라 개인정보 보호를 위한 안전조치를 하여야 한다. ⑤ 경찰관은 제2조의 직무를 수행하기 위하여 필요한 경우 영상정보처리기기를 신체에 착용 또는 휴대하거나 이동 가능한 물체에 부착 또는 거치하여 사람 또는 사물의 영상과 음성 등을 녹화·녹음하는 등 개인정보를 처리할 수 있다. 　단, 신체에 부착하여 근거리에서 영상과 음성을 녹화·녹음하는 기기는 다음 각 호에 해당하는 경우에만 사용할 수 있으며, 당사자에게 녹화·녹음 시작과 종료 전에 각각 녹화·녹음의 시작 및 종료 사실을 고지하여야 한다. 현장 상황이 긴급하여 사전 고지가 직무수행에 현저한 장해를 초래하는 경우는 녹화·녹음 후 신속히 고지하여야 한다. 　1. 경찰공무원이 「형사소송법」 제200조의 2, 제

200조의 3, 제201조 또는 제212조의 규정
에 따라 피의자를 체포 또는 구속하는 경우
2. 범죄 수사를 위하여 필요한 경우로서 다
음 각 목의 요건을 모두 갖춘 경우
가. 범행 중이거나 범행 직전 또는 직후일 것
나. 증거보전의 필요성 및 긴급성이 있을 것
3. 경찰관 직무집행법 제6조 제1항에 따른 조
치를 할 경우
4. 당사자로부터 녹화 요청 또는 동의를 받은
경우
⑥ 경찰관서의 장은 수집목적의 범위에서 개인
정보를 관련기관이나 제3자에게 제공(공유를 포
함한다)할 수 있고, 범죄수사나 실종자·미아수
색 등의 직무수행을 위해 필요한 경우 이를 공
표할 수 있다. 이 경우 제공된 개인정보파일은
개인정보 보호책임자가 구체적인 수집목적에 따
라 분류하여 관리·감독하고, 경찰위원회의 사후
승인을 받아야 한다.
⑦ 이 법에서 규정하지 않은 개인정보의 처리 및
보호는 개인정보 보호법에 따른다.

1) 개정 취지 및 이유

기존의 경찰정보활동은 개인정보를 처리함에 있어서 '정보의 자기결정권'이라는
헌법적 권리를 적극적으로 고려하지 않고 치안유지라는 국가목적의 수행에만 치중하
는 경향이 있었다. 본조의 전면개정을 통해서 헌법적 기본권으로서의 정보의 자기결
정권 이념을 경찰관 직무집행법에 구체화하고,[22] 개인정보의 처리과정에서 치안유지
의 경찰목적과 정보의 자기결정권 침해 간의 이익형량을 언제나 고려해야 한다는 점
을 분명히 밝히고자 한다.

현행 경찰관 직무집행법 제8조는 행정조사 목적의 사실조회를 규정하고 있다.
사실조회는 공공의 안녕과 질서유지를 위한 수단적·보조적 정보처리를 의미한다. 그
러나 임의적 활동으로서의 공무소 조회나 현장조사는 행정조사기본법에 따라 실시할

---

22 정보의 자기결정권에 관하여 보다 자세히는, 이성용, 정보의 자기결정권에 따른 경찰상 정보보호의 입법원
리, 치안정책연구 제27권 제2호, 2013, 1-35쪽.

수 있으며, 서면(출석요구서)을 통한 출석요구는 전화, 인터넷, SNS 등이 발달한 현대 사회에서 더 이상 활용가치가 적어 사실상 사문화된 조문이다.

따라서 현행 경찰관 직무집행법의 체계를 최대한 유지하는 차원에서 제8조의 사실의 확인 조문을, 정보의 자기결정권을 고려한 개인정보 처리 규정으로 전면개정할 것을 제안한다. 이에 따라 동조는 경찰상 개인정보처리의 법적 권한을 규율하는 수권규정이 되며, 개정권고안 제2조는 권한규정과 엄격히 구분되는 직무규정으로서 제한됨을 명확히 밝히고자 한다.

본 개정권고안을 논의함에 있어서 워킹그룹 위원들은 기존 경찰관 직무집행법의 체계를 가능한 유지하는 것으로 의견을 모았다. 그럼에도 정보의 자기결정권이라는 기본권의 성격과 그 침해정도를 고려할 때 사실확인과 개인정보처리에 관한 규정은 기존의 제8조보다 앞서 규정함이 타당하다고 판단되어 조문의 위치를 제5조로 변경한다.

개정권고안 제5조의 주요 내용은 다음과 같다.

우선 직무수행을 위한 개인정보처리의 근거를 마련하였다. 이에 따라 그간 법률의 명확한 근거 없이 수행되던 우범자 관리의 근거가 마련된다. 다만 우범자의 사행활에 관한 기본권 침해의 방지를 위해서 우범자의 범위, 정보처리 방식에 관한 사항을 법규명령의 형식으로 구체화할 것을 제안한다.

개인정보의 경우 비례성의 원칙을 고려, 필요한 한도 내에서 수집할 수 있도록 하고, 정보수집방식은 정보주체의 동의를 받아 공개적으로 수행하는 것을 원칙으로 규정하였다. 개인의 사상·신념, 노동조합·정당의 가입·탈퇴, 정치적 견해 등의 민감한 개인정보는 범죄수사의 대비나 공공의 안녕질서에 대한 위험방지를 위하여 긴급히 필요한 경우에 한하여 수집, 분석하도록 엄격히 제한한다.

정보의 목적구속성 원칙에 따라[23] 수집목적에 따른 제3자 제공(공유) 허용, 제공시 개인정보 보호책임자가 수집목적에 따라 분류, 관리·감독하고, 경찰위원회의 승인을 받는 사후적 통제방안을 마련하였다. 경찰 본연의 직무와 관련성이 없는, 타 기관으로부터의 수탁정보사무의 처리에 있어서는 별도의 특별법적 수권과 특별절차에

---

23 이성용, 정보의 자기결정권에 따른 경찰상 정보보호의 입법원리, 치안정책연구, 제27권 제2호, 2013, 20-21쪽.

따라 개인정보가 처리되어야 할 것이다.

2) 개정 내용

(1) 의의

「개인정보 보호법」은 개인정보처리에 관한 일반법적 성격을 가짐에도 불구하고 경찰작용으로서의 개인정보처리에 관한 수권규정으로 볼 수는 없다. 동법은 공공기관 뿐만 아니라 민간의 개인정보처리에 관한 일반법으로서 그 기본적 사항을 규율하고 있으나 경찰작용에 적용하는 데에는 본질적인 한계를 가지고 있다. 여타의 행정사무가 그 직무수행을 위해 통상적인 절차에 의해 본인으로부터 제출되는 개인정보를 수동적으로 처리하는 것과는 달리, 경찰작용은 방대한 개인정보를 능동적이고 적극적인 경찰관 개개인의 사실행위를 통해서 수집·활용한다는 차원에서 그 성격을 달리하며 따라서 별도의 법적 수권이 필요하다.

경찰작용은 타 행정사무와는 달리 현장성과 급박성을 가지고 시민들과 직접적인 접촉을 통해서 수행되는바, 빈번하게 개인정보처리가 요구된다. 경찰관 직무집행법상의 개인정보처리에 관한 수권규정은 단지 '직무수행을 위해 정보를 수집할 수 있다'는 선언만으로 법률유보의 원칙을 충족하는 것은 아니다. 정보를 수집하기 위한 요건과 범위를 명확히 하고 행정청의 자의적인 권한확대를 제한할 수 있어야 한다.[24]

주의해야 할 것은, 독일의 입법례와 같은 지나치게 상세한 규정이 우리나라의 법제에 그대로 도입되기도 어렵겠거니와, 자국에서도 규범적 홍수라는 비판을 받고 있음을 고려한다면 정보의 자기결정권에 관한 일반적 원칙을 준수하는 범위에서 시민들의 권리를 보장받을 수 있는 내용으로 보다 간결하게 규정하는 것이 적정할 것으로 보인다. 아울러 수집된 정보의 저장과 사용이 그 수집목적에 부합되는 경우에만 가능하다는 목적구속성의 원칙과 헌법원칙으로서 비례성의 원칙도 명문화하고자 한다.

(2) 비례의 원칙

제5조 제1항에서는 개인정보수집에 있어서 비례의 원칙을 규정한다. 비례의 원칙은 헌법적 원리로서 모든 경찰작용에 적용되어야 하며 특히 개인정보처리에 있어서는 재삼 거론할 필요조차 없다. 다만 개인정보를 수반하지 않는 공공의 안녕과 질

---

24 이성용, 경찰 정보활동의 법적 문제에 관한 해석론적 고찰, 경찰법연구, 제10권 제1호, 2012, 145쪽.

서에 관한 비침해적 일반정보 — 이를테면 교통정보, 경비상황정보, 범죄정보, 테러위험정보 등 — 는 효율적인 치안정책 수립을 위해 보다 광범위하고 유연하게 수집될 수 있을 것이다.

(3) 정보주체의 동의와 공개수집의 원칙

정보의 자기결정권의 법리에 따라 원칙적으로 당사자로부터 개인정보가 수집되어야 한다는 것,[25] 그리고 정보의 수집은 공개성을 원칙으로 한다는 것과 그 예외적 허용성이 명시되어야 한다.[26] 물론 경찰사무의 속성상 은밀한 정보수집이 필요함은 물론이나 이러한 필요성이 언제나 은밀한 정보수집을 정당화시키는 것은 아니다. 은밀한 정보수집을 통해서만 달성할 수 있는 공적인 이익과 당사자의 범익침해의 정도가 법익형량을 통해 고려되어야 한다. 공개성의 원칙과 예외적 허용요건의 규정으로, 추후 행정청은 은밀한 정보수집의 정당성에 대한 입증책임을 부담하게 될 것이다.

(4) 민감정보의 처리

「개인정보 보호법」 제23조 제1항에 따라 민감정보(사상·신념, 노동조합·정당의 가입·탈퇴, 정치적 견해, 건강, 성생활 등에 관한 정보, 그 밖에 정보주체의 사생활을 현저히 침해할 우려가 있는 개인정보로서 대통령령으로 정하는 정보)는 원칙적으로 처리할 수 없고 예외적으로 정보주체의 동의가 있거나 법령에서 민감정보의 처리를 요구하거나 허용하는 경우에 한하여 처리할 수 있다(동항 제1호 내지 제2호).[27] 이에 따라 경찰목적 수행을 위한 민감정보처리를 위해서는 별도의 법적 수권을 필요로 하므로 민감정보처리를 위한 제4항을 규정하였다. 다만 기본권 침해성이 현저히 높은 민감정보의 성격을 고려하여 '범죄수사 대비나 공공의 안녕질서에 대한 중대한 위험방지'라는 보다 엄격한 요건을 마련하여 민감정보처리의 남용을 통제하고자 한다.

(5) 이동형 영상정보처리기기 활용

치안활동에 있어서 드론, 웨어러블 카메라 등 이동형 영상정보처리기기의 활용

---

25 Koch, *Datenerhebung und -verarbeitung in den Polizeigesetzen der Länder*, 1999, S. 69 ff. 한편 독일 각 주의 경찰법은 이를 명문화하고 있다, 예를 들면 §§25 II SPolG, §13 VI HSOG, §9 III PolG NW, §2 II HmbDVPolG, §29 BbgPolG, §18 IV ASOG Bln, §19 I PolG BW, §15 V SOG LSA, §37 II SächsPolG, §31 II ThürPAG, §30 II NGefAG.

26 Koch, 앞의 책, S. 73 ff.

27 이성용, 경찰 정보활동의 법적 문제에 관한 해석론적 고찰, 경찰법연구, 제10권 제1호, 2012, 136쪽.

이 잦아지고 있는 현실을 고려하여 그 법적 근거를 마련한다. 경찰청에서 2015년 훈령의 형식으로 「웨어러블 폴리스캠 시스템 운영 규칙」을 제정하였으나, 기본권 침해에 대한 법률의 구체적 위임이 없는 행정규칙에 불과하여 그 적법성에 대한 의문이 있다.

고정형 영상정보처리기기는 현행 「개인정보 보호법」에 근거하여 활용 가능하므로 본조의 적용을 받지 않는다. 드론의 경우 비교적 원거리에서 영상정보가 처리되므로 개인정보의 침해성이 낮으나, 향후 교통법규위반 등 위법행위 단속 등에 광범위하게 활용될 수 있을 것이며 이 경우 개인정보처리에 관한 법적 수권이 요구된다. 웨어러블 카메라의 경우 신체에 부착하고 근거리에서 개인촬영이 진행될 뿐만 아니라, 녹음기능까지 활용되어 정보의 자기결정권에 대한 침해위험이 현저히 높아 이에 대한 엄격한 법적 통제가 요구된다. 따라서 범죄수사상 필요성이나 위험방지를 위한 영상기록의 필요성이 있는 경우로 엄격히 제한하고 녹화·녹음 시작 및 종료 전 사전고지를 원칙으로 규정한다. 수집된 개인정보의 처리는 별도의 하위법령을 통해 구체화 할 것을 제안한다.

(6) 수집된 개인정보의 제공 등 관리

과거 경찰기관의 위법·부당한 민간 개인정보처리의 문제를 통제하고자 개인정보는 수집단계에서부터 경찰관 직무집행법 제2조 제1항 각 호(단, 제5호는 제외한다)에 따라 수집목적을 분류하여 관리하여야 한다. 이른바 불법사찰 방식의 개인정보 침해를 차단하고자 개인정보의 타기관 또는 제3자 제공·공유 시 수사, 경비, 교통 등 본래의 경찰사무의 수집목적을 명시하여 제공하여야 하며, 경찰정보의 주무부서가 아닌 개인정보 보호책임자에 의해서 내부통제되어야 한다. 신원조사, 공직후보자 인사검증, 타행정기관의 복무상황 점검 등 수탁정보사무는 특별법에 따라 별도로 관리될 수 있다. 한편 신설된 개인정보 공표규정을 통해 주요 범죄자 공개수배, 실종자 공개수색 등이 적법하게 진행될 수 있을 것이다.

개인정보처리의 남용을 방지하기 위한 민주적 통제절차로서 경찰위원회의 사후승인을 필요로 한다. 경찰위원회에 제공되는 개인정보의 내용, 범위는 별도의 하위법령을 통해 구체화되어야 한다.

(7) 개인정보 보호법의 준용

국가작용으로서의 모든 개인정보처리는 헌법적 기본권으로서의 정보의 자기결정권의 법리와 이를 구체화한 법률인 「개인정보 보호법」의 적용을 받는다. 따라서 경찰사무의 특수성을 고려하여 제정된 동조에서 규정되지 않는 사항에 관하여는 「개인정보 보호법」이 준용됨을 명문화하고자 한다.

6. 제6조(위해방지를 위한 퇴거 및 출입금지 등) [손재영]

현 경찰관 직무집행법	개정권고안
제5조(위험 발생의 방지 등) ① 경찰관은 사람의 생명 또는 신체에 위해를 끼치거나 재산에 중대한 손해를 끼칠 우려가 있는 천재, 사변, 인공구조물의 파손이나 붕괴, 교통사고, 위험물의 폭발, 위험한 동물 등의 출현, 극도의 혼잡, 그 밖의 위험한 사태가 있을 때에는 다음 각 호의 조치를 할 수 있다. 　1. 그 장소에 모인 사람, 사물의 관리자, 그 밖의 관계인에게 필요한 경고를 하는 것 　2. 매우 긴급한 경우에는 위해를 입을 우려가 있는 사람을 필요한 한도에서 억류하거나 피난시키는 것 　3. 그 장소에 있는 사람, 사물의 관리자, 그 밖의 관계인에게 위해를 방지하기 위하여 필요하다고 인정되는 조치를 하게 하거나 직접 그 조치를 하는 것 ② 경찰관서의 장은 대간첩 작전의 수행이나 소요(騷擾) 사태의 진압을 위하여 필요하다고 인정되는 상당한 이유가 있을 때에는 대간첩 작전지역이나 경찰관서·무기고 등 국가중요시설에 대한 접근 또는 통행을 제한하거나 금지할 수 있다. ③ 경찰관은 제1항의 조치를 하였을 때에는 지체 없이 그 사실을 소속 경찰관서의 장에게 보고하여야 한다. ④ 제2항의 조치를 하거나 제3항의 보고를 받은 경찰관서의 장은 관계기관의 협조를 구하는 등 적절한 조치를 하여야 한다.	제6조(위해방지를 위한 퇴거 및 출입금지 등) ① 경찰관은 사람의 생명·신체 또는 재산에 대한 중대한 위해의 방지나 법질서의 유지를 위하여 필요하다고 인정되는 경우에는 다음 각 호의 조치를 할 수 있다. 　1. 그 장소에 모인 사람, 사물의 관리자, 그 밖의 관계인에게 필요한 경고를 하는 것 　2. 매우 긴급한 경우에는 위해를 입을 우려가 있는 사람을 필요한 한도에서 억류하거나 피난시키는 것 　3. 위해를 야기하는 사람을 그 장소에서 퇴거시키거나 그 장소에의 출입을 금지시키는 것 　4. 그 장소에 있는 사람, 사물의 관리자, 그 밖의 관계인에게 위해를 방지하기 위하여 필요하다고 인정되는 조치를 하게 하거나 직접 그 조치를 하는 것 ② 경찰관서의 장은 대간첩·대테러 작전의 수행이나 소요 사태의 진압을 위하여 필요하다고 인정되는 상당한 이유가 있을 때에는 대간첩·대테러 작전지역이나 경찰관서·무기고 등 국가중요시설에 대한 접근 또는 통행을 제한하거나 금지할 수 있다. ③ 경찰관은 제1항의 조치를 하였을 때에는 지체 없이 그 사실을 소속 경찰관서의 장에게 보고하여야 한다. ④ 제2항의 조치를 하거나 제3항의 보고를 받은 경찰관서의 장은 관계기관의 협조를 구하는 등 적절한 조치를 하여야 한다.

1) 개정 취지 및 이유

(1) 현행 경찰관 직무집행법 제5조의 분리 규정 필요성

현행 경찰관 직무집행법 제5조는 제1항에서 사람의 생명 또는 신체에 위해를 끼치거나 재산에 중대한 손해를 끼칠 우려가 있는 천재, 사변, 인공구조물의 파손이나 붕괴, 교통사고, 위험물의 폭발, 위험한 동물 등의 출현, 극도의 혼잡, 그 밖의 위험한 사태가 있을 때에는 경찰관이 관계인에게 경고, 피난 등 위해를 방지하기 위하여 필요하다고 인정되는 조치를 할 수 있음을 규정하는 한편, 동조 제2항은 대간첩 작전의 수행이나 소요 사태의 진압을 위하여 필요하다고 인정되는 상당한 이유가 있을 때에는 경찰관서의 장이 대간첩작전지역이나 경찰관서·무기고 등 국가중요시설에 대한 접근 또는 통행을 제한하거나 금지할 수 있음을 규정하고 있다.

현행 경찰관 직무집행법 제5조 제1항은 1953년 경찰관 직무집행법 제정 때부터 존속하여 온 법률조항이고, 제2항은 1981년 제1차 법 개정 시에 처음 도입된 법률조항이다.

그동안 학계에서는 현행 경찰관 직무집행법 제5조 제1항 제3호는 경찰관에게 위해방지조치를 수권하는 개괄적 수권조항(일반권한조항)에 해당하고, 동법 제5조 제1항 제2호와 제2항은 위해방지를 위하여 특정인을 어느 장소에서 피난시키거나 대간첩작전수행 또는 소요 사태의 진압을 위하여 대간첩작전지역 또는 국가중요시설에 대한 접근 또는 통행을 제한하거나 금지할 수 있는 개별적 수권조항(특별권한조항)에 해당하므로, 두 조항을 분리하여 별도의 법률조항에 규정할 필요가 있음이 주장되어 왔다.

나아가 (후술하는 바와 같이) 현행 경찰관 직무집행법 제5조 제1항 제2호는 피난조치의 대상자를 명시적으로 '위해를 입을 우려가 있는 사람'에 한정시킴으로 인하여 경찰관은 동 조항에 근거하여 위해를 야기하는 사람, 예를 들면 공공장소에서 술에 취하여 이유 없이 다른 사람에게 주정하며 행패를 부리는 이른바 음주소란행위자를 퇴거시킬 수 없음이 지적되어 왔다.

이에 개정권고안은 현행 경찰관 직무집행법 제5조를 퇴거 및 출입금지에 관한 개별적 수권조항(개정권고안 제6조)과 위해방지조치에 관한 개괄적 수권조항(개정권고안 제10조)으로 분리 규정함으로써 법률조항의 정리를 도모하는 한편, 경찰관이 '위해를 입을 우려가 있는 사람'뿐만 아니라 '위해를 야기하는 사람'에게도 퇴거 및 출입금지를 행할 수 있도록 함으로써 다양한 위해상황에 맞서 국민의 생명, 신체 및 재산을 보호하고 법질서를 유지하고자 하였다.

(2) 개정권고안 제6조 제1항 제3호(퇴거 및 출입금지)의 신설 이유

① 퇴거 및 출입금지의 의의

경찰법에서 퇴거명령(Platzveweisung)이란 경찰관이 위해방지를 목적으로 특정인이나 불특정 다수인에게 어느 장소에서 퇴거할 것을 명령하거나 그 장소에의 출입을 금지시키는 것을 말한다.[28] 퇴거명령은 일반적으로 퇴거(退去)라는 단어가 갖는 사전적 의미, 즉 특정인이나 불특정 다수인을 어느 장소에서 물러나게 하는 것뿐만 아니라 그 장소에의 출입을 금지시키는 것도 포함하는 개념이다.[29] 퇴거명령의 예로서는 폭탄테러의 위협이 있는 항공기의 승객이나 태풍·홍수·지진 등으로 침수 내지 붕괴될 위험이 있는 가옥의 거주자에게 대피를 명령하거나 그 장소에의 출입을 금지시키는 경우, 화재·붕괴·폭발·교통사고·환경오염사고 등으로 인하여 보행자의 통행을 일시적으로 차단하는 경우 등을 들 수 있다.

② 입법상의 흠결

경찰관이 위해방지를 목적으로 명령하는 퇴거 및 출입금지는 그 상대방의 일반적 행동자유권을 제한하기 때문에 법률유보원칙에 따라 법률의 수권을 필요로 한다. 주지하다시피 현행법에는 퇴거 및 출입금지에 대한 '개별적' 수권근거가 존재한다. 예를 들어 가정폭력범죄의 처벌 등에 관한 특례법 제8조의2 제1항과 소방기본법 제23조 제2항이 그 대표적인 예이다. 먼저 가정폭력범죄의 처벌 등에 관한 특례법 제8조의2 제1항에 따르면 사법경찰관은 같은 법 제5조에 따른 응급조치에도 불구하고 가정폭력범죄가 재발될 우려가 있고 긴급을 요하여 법원의 임시조치 결정을 받을 수 없을 때에는 직권 또는 피해자나 그 법정대리인의 신청에 의하여 △ 피해자 또는 가정구성원의 주거 또는 점유하는 방실로부터의 퇴거 등 격리(제1호) △ 피해자 또는 가정구성원의 주거, 직장 등에서 100미터 이내의 접근금지(제2호) △ 피해자 또는 가

---

28 이하의 글은 손재영, 경찰법, 박영사, 2018, 308쪽 이하를 바탕으로 작성되었음을 밝힌다.
29 Götz, Allgemeines Polizei- und Ordnungsrecht, 2001, Rn. 287; Gusy, Polizeirecht, 2011, Rn. 276; Knemeyer, Polizei- und Ordnungsrecht, 2004, Rn. 212.

정구성원에 대한 전기통신기본법 제2조 제1호의 전기통신을 이용한 접근금지(제3호) 가운데 어느 하나에 해당하는 조치(이른바 긴급임시조치)를 할 수 있는바, 이로써 사법 경찰관은 가정폭력으로부터 피해자를 보호하기 위하여 가정폭력범죄의 처벌 등에 관한 특례법 제8조의2 제1항에 따라 가정폭력 가해자에게 일정기간(예: 7~8일) 동안 주거나 점유하는 방실로부터 퇴거를 명령하거나 주거에의 접근을 금지시킬 수 있다.

또한 소방기본법 제23조 제2항은 소방대가 소방활동구역에 있지 아니하거나 소방대장의 요청이 있는 때에는 경찰공무원에게 소방활동구역에의 출입을 제한할 수 있는 권한을 부여하므로 이러한 점에서 소방기본법 제23조 제2항은 경찰관이 하는 출입금지조치에 대한 수권근거가 된다. 이 경우 경찰관의 출입금지조치는 행인들이 소방대원이나 구급대원의 활동을 적극적으로 방해할 것을 요하지 않는다. 즉 소극적으로 소방활동구역에 머무는 것만으로도 화재진압에 방해가 될 수 있다면 행인들은 이미 경찰책임자가 되며, 경찰에 의한 출입금지조치의 대상이 될 수 있다.

이와 같이 특정영역에서는 위해방지를 위하여 경찰관에게 퇴거 및 출입금지 권한을 부여하는 가정폭력범죄의 처벌 등에 관한 특례법 제8조의2 제1항이나 소방기본법 제23조 제2항과 같은 개별적 수권근거가 존재하지만, 위험방지에 관한 일반법인 경찰관 직무집행법에는 퇴거 및 출입금지에 대한 명시적인 수권근거가 존재하지 않는다. 즉 경찰관 직무집행법은 표준적 직무조치를 수권하는 개별적 수권조항을 두고 있지만, 이 가운데 퇴거 및 출입금지는 표준적 직무조치의 하나로 명시되고 있지 않다.[30] 물론 현행 경찰관 직무집행법에도 넓은 의미의 퇴거 및 출입금지에 해당하는 피난조치와 접근금지 및 통행제한에 대한 법률조항이 존재한다. 현행 경찰관 직무집행법 제5조 제1항 제2호와 같은 법 제5조 제2항이 바로 그러하다.

---

30 경찰관 직무집행법은 경찰관에게 표준적 직무조치를 수권하는 개별적 수권조항을 두고 있다. 여기서 "표준적 직무조치"란 경찰관이 위해방지의 직무를 수행함에 있어서 요구되는 전형적인 경찰작용을 경찰관 직무집행법에 유형화해 둔 것을 말한다. 경찰관 직무집행법에 규정된 표준적 직무조치로는 불심검문(제3조), 보호조치(제4조), 접근금지와 통행제한(제5조), 위험방지를 위한 출입(제7조), 사실조회와 출석요구(제8조) 등을 들 수 있다.

> **[참고] 현행 경찰관 직무집행법 제5조(위험발생의 방지)**
> ① 경찰관은 사람의 생명 또는 신체에 위해를 끼치거나 재산에 중대한 손해를 끼칠 우려가 있는 천재, 사변, 인공구조물의 파손이나 붕괴, 교통사고, 위험물의 폭발, 위험한 동물 등의 출현, 극도의 혼잡, 그 밖의 위험한 사태가 있을 때에는 다음 각 호의 조치를 할 수 있다.
>   2. 매우 긴급한 경우에는 위해를 입을 우려가 있는 사람을 필요한 한도에서 억류하거나 피난시키는 것
> ② 경찰관서의 장은 대간첩작전수행 또는 소요 사태의 진압을 위하여 필요하다고 인정되는 상당한 이유가 있을 때에는 대간첩작전지역 또는 경찰관서·무기고 등 국가중요시설에 대한 접근 또는 통행을 제한하거나 금지할 수 있다.

그러나 현행 경찰관 직무집행법 제5조 제1항 제2호는 피난조치의 대상자를 명시적으로 '위해를 입을 우려가 있는 사람'으로 한정시키고 있기 때문에, 경찰관은 동 조항에 근거하여 '위해를 야기하는 사람', 즉 경찰책임자에게 퇴거명령을 내릴 수 없게 된다. 예를 들어 경찰관은 경찰관 직무집행법 제5조 제1항 제2호에 근거하여 공공장소에서 술을 마시고 행패를 부리는 음주소란행위자에게 그곳에서 즉시 퇴거하라는 명령을 내릴 수 없다. 또한 현행 경찰관 직무집행법 제5조 제2항은 '대간첩작전수행 또는 소요 사태의 진압을 위하여 필요하다고 인정되는 상당한 이유가 있는 때'를 접근금지나 통행제한의 요건으로 하고, 또한 접근금지나 통행제한의 장소와 관련하여서도 명시적으로 '대간첩작전지역 또는 경찰관서·무기고 등 국가중요시설'에 한정시키고 있기 때문에, 경찰관서의 장은 동 조항에 근거하여 대간첩작전이나 소요 사태가 존재하지 않는 때와 대간첩작전지역 또는 국가중요시설이 아닌 곳에서는 퇴거명령을 내릴 수 없게 된다. 이와 같은 입법상의 흠결을 보완하기 위하여 문헌에서는 다양한 시도가 행하여졌는바, 아래에서는 이러한 입법적 흠결을 보완하기 위한 학설상의 시도에 관하여 살펴보기로 한다.

③ 입법적 흠결을 보완하기 위한 학설상의 시도

현행법 하에서 경찰관은 공공장소에서 술에 취하여 이유 없이 다른 사람에게 행패를 부리는 사람에게 음주소란행위를 중지하고 그곳에서 즉시 퇴거하라는 명령을 내릴 수 있을까? 만일 경찰관이 음주소란행위자에게 퇴거를 명령할 수 있다면 이에 대한 수권근거는 어디에서 찾을 수 있을까?[31] 주지하다시피 경찰관이 공공장소에서 술

---

31 이에 관해서는 또한 손재영, "위험방지를 위한 퇴거명령과 체류금지 및 주거로부터의 퇴거명령에 대한 법적

에 취하여 이유 없이 다른 사람에게 행패를 부리는 음주소란행위자에게 내리는 퇴거명령은 공공의 안녕을 유지하기 위한 행위로서 경찰관 직무집행법 제2조 제7호에 언급된 경찰관의 직무에 속한다. 하지만 경찰관이 내린 퇴거명령이 경찰의 직무에 속한다고 해서 경찰관은 퇴거명령을 내릴 권한도 당연히 갖는 것은 아니다. 경찰관이 음주소란행위자에게 내리는 퇴거명령은 이들의 일반적 행동자유권을 제한하기 때문에 법률유보원칙에 따라 법률의 수권이 필요하다. 하지만 현행 경범죄 처벌법에는 위해방지를 목적으로 경찰관에게 퇴거명령을 수권하는 법률조항이 결여되어 있다. 즉 공공장소에서 음주소란행위를 하는 사람은 경범죄 처벌법 제3조 제1항 제20호에 반하는 금지된 행위를 하는 것이고, 그러한 행위는 공공의 안녕을 침해하는 행위이지만, 경범죄 처벌법에는 법률위반으로 인하여 야기된 공공의 안녕에 대한 침해를 중지시키거나 그 밖의 필요한 조치, 예를 들어 퇴거명령과 같은 조치를 수권하는 법률조항이 결여되어 있다. 만일 퇴거명령에 대한 특별법상의 수권조항이 결여되어 있다면 이에 대한 수권근거는 어디에서 찾을 수 있는지의 문제가 제기된다.

㉠ 경범죄 처벌법상의 처벌규정은 퇴거명령에 대한 수권규정을 아울러 포함하고 있다고 보는 견해

이 견해에 따르면 특별법상의 명령 또는 금지규범은 경찰관이 이에 상응하는 경찰하명(예: 퇴거명령)을 내릴 권한도 아울러 포함하고 있다고 한다. 예를 들어 경범죄 처벌법은 처벌규정이기는 하지만, 경찰이 당해 법규범의 집행에 대한 권한과 의무를 갖고 있기 때문에 동법은 동시에 경찰하명에 대한 수권규정을 포함하고 있다고 주장한다.[32] 이러한 견해에 따르면 음주소란행위를 금지하고, 위반 시에는 10만 원 이하의 벌금, 구류 또는 과료의 형으로 처벌하는 경범죄 처벌법 제3조 제1항 제20호(음주소란)는 경찰관이 위해방지를 목적으로 내리는 퇴거명령에 대한 수권근거가 된다고 볼 것이다.

근거", 법제연구 제40호, 2011, 241쪽 이하.

32 정하중, 행정법개론, 법문사, 2020, 1073쪽: "경범죄 처벌법이 비록 처벌규정이기는 하나 경찰은 당해 법규범의 집행에 대한 의무와 권한을 갖고 있기 때문에 동법은 동시에 경찰하명에 대한 수권규정을 아울러 포함하고 있다."

ⓛ 경찰관 직무집행법상의 개괄적 수권조항(일반권한조항)이 퇴거명령에 대한 수권
근거가 된다고 보는 견해

다른 견해에 따르면 특별법상의 명령 또는 금지규범은 그 자체로는 경찰하명에
대한 수권근거가 되지 못한다고 한다.[33] 왜냐하면 특별법상의 명령 또는 금지규범은
단지 규범적인 명령이나 금지만을 담고 있을 뿐, 경찰관이 개별사례에서 이에 상응
하는 하명을 내릴 권한을 담고 있는 것은 아니기 때문이라고 한다. 이러한 점에서 개
괄적 수권조항의 보충 적용이 필요하다고 한다. 즉, 특별법상의 명령 또는 금지규범
에 대한 위반은 공공의 안녕에 대한 위해를 의미하므로 이 경우에는 개괄적 수권조
항이 경찰관이 내리는 경찰하명(예: 퇴거명령)에 대한 수권근거가 된다고 한다. 이에
따라 예를 들어 경범죄 처벌법 제3조 제1항 제20호(음주소란)와 같은 법률조항이 동
조항에 규정된 의무를 경찰하명을 통해 직접 이행시킬 수 있는 권한을 규정해 두고
있지 않다면, 이 경우에는 경찰관 직무집행법상의 개괄적 수권조항이 경찰관에게 퇴
거명령에 대한 수권근거를 제공한다고 한다.

④ 학설에 대한 평가와 개정권고안 제6조 제1항 제3호의 신설

특별법상의 명령 또는 금지규범은 이에 상응하는 경찰의 하명권한도 아울러 포
함하고 있다는 전자의 견해는 받아들이기 어려운 견해이다. 왜냐하면 경범죄 처벌법
제3조 제1항 제20호(음주소란)와 같은 명령 또는 금지규범은 입법자가 불특정 다수인
을 상대로 일정한 행위를 명령하거나 금지하는 입법상의 하명만을 담고 있을 뿐, 경
찰관이 개별사례에서 이러한 규범을 위반한 특정인에게 그 행위를 명령하거나 금지
하는 경찰상의 하명에 대한 수권까지 담고 있는 것은 아니기 때문이다. 법률유보원
칙은 경찰관이 개별사례에서 법률상의 의무를 어떠한 종류와 방식으로 이행시킬 것
인지와 관련하여서도 적용되어야 한다. 따라서 경범죄 처벌법 제3조 제1항 제20호(음
주소란)는 그 자체로는 경찰관이 내리는 퇴거명령에 대한 수권근거가 되지 못한다.
이러한 점에서 경찰관 직무집행법상의 개괄적 수권조항이 경찰관에게 위해방지를 위
한 퇴거명령에 대한 수권근거를 제공한다고 보는 후자의 견해가 더 타당하다.

그러나 문제는 현재 학설의 다수는 현행법 하에서 개괄적 수권조항의 인정 그

---

33 손재영, 경찰법, 박영사, 2018, 141쪽; "경직법상의 개괄적 수권조항이 경찰에게 퇴거명령을 내릴 수 있는
권한을 부여한다."

자체를 부정하거나 설령 개괄적 수권조항을 인정하더라도 이에 근거한 퇴거 및 출입금지에 대하여 매우 소극적인 태도를 취하고 있다는 점이다. 그 때문에 현행법 하에서 경찰관에게 위해방지를 목적으로 한 퇴거 및 출입금지의 적극적 시행을 기대하기란 현실적으로 매우 어렵다고 할 수 있다. 그렇다면 개정권고안 제6조 제1항 제3호(퇴거 및 출입금지)의 신설을 통하여 경찰관이 위해를 야기하는 사람을 어느 장소에서 즉시 퇴거시키거나 그 장소에의 출입을 금지시킬 수 있도록 함으로써 위해로부터 국민의 생명, 신체 및 재산을 보호하고 법질서를 유지하는 것이 입법상의 한계를 극복하기 위한 더 나은 해결방안이 아닌가 한다.

이에 따라 개정권고안 제6조 제1항은 현행 제5조 제1항에 규정된 제1호 경고조치와 제2호 억류 또는 피난조치는 그대로 유지하면서 제3호에 '위해를 야기하는 사람을 그 장소에서 퇴거시키거나 그 장소에의 출입을 금지시키는 것'을 추가하여 그동안 입법상의 흠결인 것으로 지적되어 온 부분을 보완하는 한편, 종래 제3호에 규정된 '그 장소에 있는 사람, 사물의 관리자, 그 밖의 관계인에게 위해를 방지하기 위하여 필요하다고 인정되는 조치를 하게 하거나 직접 그 조치를 하는 것'을 제4호로 이동시킴으로써 조문순서를 조정하였다.

2) 개정권고안 제6조의 주요 내용
(1) 개정권고안 제6조 제1항

현행 경찰관 직무집행법 제5조 제1항은 경찰관이 경고, 피난 등 위해방지조치를 할 수 있는 요건을 '사람의 생명 또는 신체에 위해를 끼치거나 재산에 중대한 손해를 끼칠 우려가 있는 천재, 사변, 인공구조물의 파손이나 붕괴, 교통사고, 위험물의 폭발, 위험한 동물 등의 출현, 극도의 혼잡, 그 밖의 위험한 사태가 있을 때'로 규정하고 있다. 입법자가 해당 조문의 불명확성을 해소하기 위한 목적에서 '천재, 사변, 인공구조물의 파손이나 붕괴, 교통사고, 위험물의 폭발, 위험한 동물 등의 출현, 극도의 혼잡'과 같은 예시규정을 둔 것이지만, 문제는 '위험한 사태'를 지나치게 예시적으로 규정한 나머지 경찰관의 입장에서는 위해방지조치가 허용되는 상황이 오히려 불분명할 수 있고, 그 예시적인 상황 또한 현재의 경찰실무를 제대로 반영하지 못하고 있다는 비판에 직면하고 있다. '위험한 사태'는 그 태양이 너무 다양하고 이에 해당하는지 여부도 구체적 상황에 따라 상이하므로 구체적 타당성을 반영한 법집행을 위해서는

45

다소 개방적인 입법형식을 취할 필요성도 존재한다. 따라서 개정권고안 제6조 제1항은 현행 제5조 제1항의 '천재, 사변, 인공구조물의 파손이나 붕괴, 교통사고, 위험물의 폭발, 위험한 동물 등의 출현, 극도의 혼잡, 그 밖의 위험한 사태가 있을 때' 부분을 삭제하고, 그 대신에 요건부분을 '사람의 생명·신체 또는 재산에 대한 중대한 위해의 방지를 위하여 필요하다고 인정되는 경우'라고 간결하게 규정함으로써 경찰관이 다양한 위해상황을 고려하여 개별사안에 맞는 탄력적 대응이 가능하도록 하였다.

　　다른 한편 현행 경찰관 직무집행법 제5조 제1항에 대해서는 동 조항의 보호법익이 단지 개인적 법익(사람의 생명, 신체, 재산)에만 국한되어 있다는 비판이 제기되고 있다. 사실 경찰관이 '재산'과 같은 개인적 법익에 대한 위해가 존재하는 경우에는 위해방지조치를 취할 수 있는 반면, '법질서'와 같은 재산보다 더 중요하다고 볼 수 있는 법익에 대한 위해가 존재하는 경우에는 위해방지조치를 취할 수 없다는 것은 납득하기 어려운 견해이다. 법질서를 보호할 필요성은 개인적 법익의 보호필요성과 본질적으로 차이가 없기 때문에 이러한 보호법익을 개인적 법익보다 경시하여 동 규정에서 배제시킬 이유는 없다고 본다. 이러한 점을 고려하여 개정권고안 제6조 제1항은 그 요건부분을 '사람의 생명·신체 또는 재산에 대한 중대한 위해의 방지나 법질서의 유지를 위하여 필요하다고 인정되는 경우'로 규정하여 경찰관이 사람의 생명, 신체, 재산과 같은 개인적 법익은 물론이고, 사회적 법익인 법질서의 보호를 위해서도 경고, 피난 등과 같은 위해방지에 필요한 조치를 할 수 있도록 하였다.

(2) 개정권고안 제6조 제2항

　　한편 개정권고안 제6조 제2항은 대간첩·대테러 작전의 수행이나 소요 사태의 진압을 위하여 필요하다고 인정되는 상당한 이유가 있을 때에는 경찰관서의 장이 대간첩·대테러 작전지역이나 경찰관서·무기고 등 국가중요시설에 대한 접근 또는 통행을 제한하거나 금지할 수 있도록 규정하였다. 즉 개정권고안 제6조 제2항은 현행 경찰관 직무집행법 제5조 제2항을 그대로 유지하면서, 다만 최근 크게 문제가 되고 있는 '테러범죄'로부터 시민의 안전을 보호하기 위하여 대테러 작전의 수행을 위하여 필요하다고 인정되는 상당한 이유가 있을 때에는 대테러 작전지역에의 접근 또는 통행을 제한하거나 금지할 수 있도록 하였다.

(3) 개정권고안 제6조 제3항과 제4항

개정권고안 제6조 제3항과 제4항은 현행 경찰관 직무집행법 제5조 제3항과 제4항을 그대로 유지하였다.

3) 개정권고안 제6조 제1항 제3호의 적용과 한계

(1) 개정권고안 제6조 제1항 제3호의 적용

① 적용 사례

개정권고안은 제6조 제1항 제3호에서 경찰관에게 위해방지를 목적으로 퇴거 및 출입금지를 할 수 있는 권한을 부여하고 있다. 개정권고안 제6조 제1항 제3호가 적용될 수 있는 전형적인 사례로는 (전술한) 경찰관이 공공장소에서 술에 취하여 이유 없이 다른 사람에게 행패를 부리는 음주소란행위자에게 퇴거명령을 내리는 사례를 들 수 있다. 즉 음주소란행위자는 경범죄 처벌법 제3조 제1항 제20호(음주소란)에 반하는 금지된 행위를 하는 것이고 그 행위는 공공의 안녕을 침해하는 행위이므로, 개정권고안 제6조 제1항 제3호는 경찰관에게 법률위반으로 인하여 야기된 공공의 안녕에 대한 침해를 중지시키기 위하여 필요한 퇴거 및 출입금지조치를 수권한다.

② 장소의 개념

한편 퇴거 및 출입금지에서 말하는 '장소'의 개념은 음식점, 극장, 경기장, 항공기 등과 같이 눈으로 관망할 수 있는 제한된 공간을 의미하지만, 예를 들어 태풍이나 홍수, 산불, 산사태, 지진 등과 같은 재난이 발생한 경우에는 위해가 상당히 넓은 지역에 미칠 수 있으므로 퇴거 및 출입금지에서 의미하는 장소의 정확한 공간적 윤곽은, 문제가 된 위해의 성격을 고려하여 개별적으로 결정되어야 한다.

③ 기간

다른 한편 퇴거 및 출입금지는 비교적 짧은 기간 동안 명해질 수 있는 잠정적인 조치로 이해되고 있다.[34] 이와 관련하여서는 퇴거 및 출입금지는 얼마의 기간 동안 명해질 수 있는지의 문제가 제기된다. 이 문제는 특히 후술하는 이른바 체류금지(Aufenthaltsverbot)와의 구별을 위하여 중요하다. 문헌에서는 퇴거명령은 단지 몇 시간 동안만 명하여질 수 있다는 견해에서부터 그 기간이 2주 이내라면 체류금지가 아

---

34 Schenke, Polizei- und Ordnungsrecht, 2018, Rn. 132.

니라 퇴거명령에 해당한다는 견해,[35] 심지어 퇴거명령은 시간적인 관점에서 이미 위험이 방지되었거나 위험이 오랫동안 존속하거나 퇴거명령을 통해서는 위험이 방지될 수 없음이 확정된 경우에야 비로소 종결된다는 견해[36] 등 다양한 견해가 개진되고 있다. 생각건대 퇴거명령은 헌법 제10조에 의하여 보호되는 일반적 행동자유권을 제한하지만,[37] 체류금지는 헌법 제14조의 거주·이전의 자유를 제한한다는 점을 고려하여 적어도 24시간 이상 소요되는 퇴거 및 출입금지는 더 이상 퇴거명령이 아니라 체류금지에 해당한다고 보아야 한다.

(2) 개정권고안 제6조 제1항 제3호의 한계

전술한 퇴거명령은 특정인이나 불특정 다수인에게 장기간 동안(예: 3개월) 일정한 장소(예: 도시의 일정구역)에의 체류를 금지시키는 체류금지와 구별되어야 한다. 외국의 입법례 가운데에는 불법적인 마약거래의 퇴치를 위하여 또는 스킨헤드(skin head)와 같은 폭력집단에 의하여 야기될 수 있는 소요를 예방하기 위하여 경찰관에게 체류금지를 명할 수 있는 권한을 부여하는 입법례도 존재한다. 독일의 경우가 바로 그러하다.

[퇴거명령과 체류금지의 구별]

구 분	퇴거명령	체류금지
기 간	단기간(최장 24시간 이내)	장기간(최장 3개월 이내)
장 소	제한된 특정 장소	도시의 일정구역에도 가능
제한기본권	일반적 행동자유권	거주·이전의 자유
법적 근거	일반권한조항으로도 충분	개별적 수권조항이 필요

사실 퇴거명령과 체류금지는 특정인이나 불특정 다수인을 어느 장소에서 퇴거시키거나 그 장소에의 출입을 금지시킨다는 점에서 공통점을 갖지만, 양자는 무엇보다 기간의 장·단에 있어서 차이점이 존재한다. 즉 퇴거명령은 단기간 동안 명해질 수

---

35 예를 들어 Latzel/Lustina, Aufenthaltsverbot – Eine neue Standardmaßnahme neben der Platzverweisung?, Die Polizei 1995, 131 (134)가 바로 그러하다.

36 예를 들어 Schmidbauer, Polizeiliche Gefahrenabwehr bei Gewalt im sozialen Nahraum, BayVBl. 2002, 257 (263)가 바로 그러하다.

37 헌법 제10조 전문의 행복추구권에는 그 구체적인 표현으로서 일반적 행동자유권이 포함된다는 것에 관해서는 헌법재판소 2003. 10. 30. 2002헌마518 결정.

있는 반면, 체류금지는 장기간 동안 명해질 수 있다.[38] 물론 체류금지도 명확성원칙과 과잉금지원칙에 위배되지 않으려면 그 기간이 정해져 있어야 한다. 체류금지는 대개 3개월을 넘지 않는 범위 내에서 명해진다(예를 들어 바덴-뷔르템베르그 경찰법 제27a조 제2항 제3문과 노르트라인-베스트팔렌 경찰법 제34조 제2항 제4문 및 튀빙엔 경찰법 제18조 제3항 제4문이 바로 그러하다). 또한 장소의 범위와 관련하여서도 퇴거명령은 특정 도로나 무도장, 경기장, 항공기 등에 명해지는 반면, 체류금지는 그러한 제한된 특정 장소뿐만 아니라 과잉금지원칙에 대한 주의 하에 도시의 일정구역에도 명하여질 수 있다. 문헌에서는 퇴거명령과 체류금지가 헌법상 어떤 기본권을 제한하는지가 논쟁이 되고 있다. 이 경우 다수견해는 (타당하게도) 퇴거명령은 그 기간이 단기간임을 이유로 (거주·이전의 자유가 아니라) 일반적 행동자유권을 제한한다고 보고 있다. 반면 경찰이 체류금지를 통해 특정인이나 불특정 다수인이 장기간 동안 어느 장소에 머무는 것과 그 장소에 출입하는 것을 금지시킨다면 거주·이전의 자유가 제한된다고 보고 있다.[39]

---

38 Gusy, Polizeirecht, 2011, Rn. 281.

39 같은 견해로는 예컨대 OVG Münster, DÖV 2001, 216; OVG Bremen, NVwZ 1999, 314 (315); Alberts, Freizügigkeit als polizeiliches Problem, NVwZ 1997, 45 (47); Hecker, Aufenthaltsverbote im Bereich der Gefahrenabwehr, NVwZ 1999, 261 (262); Rachor, in: Lisken/Denninger, Handbuch des Polizeirechts, 2001, Kap. F Rn. 449.

7. **제7조**(위험 방지를 위한 출입) [40]　　　　　　[김성태]

현 경찰관 직무집행법	개정권고안
제7조(위험 방지를 위한 출입) ① 경찰관은 제5조 제1항·제2항 및 제6조에 따른 위험한 사태가 발생하여 사람의 생명·신체 또는 재산에 대한 위해가 임박한 때에 그 위해를 방지하거나 피해자를 구조하기 위하여 부득이하다고 인정하면 합리적으로 판단하여 필요한 한도에서 다른 사람의 토지·건물·배 또는 차에 출입할 수 있다. ② 흥행장(興行場), 여관, 음식점, 역, 그 밖에 많은 사람이 출입하는 장소의 관리자나 그에 준하는 관계인은 경찰관이 범죄나 사람의 생명·신체·재산에 대한 위해를 예방하기 위하여 해당 장소의 영업시간이나 해당 장소가 일반인에게 공개된 시간에 그 장소에 출입하겠다고 요구하면 정당한 이유 없이 그 요구를 거절할 수 없다. ③ 경찰관은 대간첩 작전 수행에 필요할 때에는 작전지역에서 제2항에 따른 장소를 검색할 수 있다. ④ 경찰관은 제1항부터 제3항까지의 규정에 따라 필요한 장소에 출입할 때에는 그 신분을 표시하는 증표를 제시하여야 하며, 함부로 관계인이 하는 정당한 업무를 방해 해서는 아니 된다.	제7조(위험 방지를 위한 출입) ① 경찰관은 사람의 생명·신체 또는 중대한 재산에 대한 임박한 위해가 있거나 있다고 의심할 만한 상당한 이유가 있는 경우 그 위해를 방지하거나 피해자를 구조하기 위하여 부득이한 경우 합리적 판단에 따라 필요한 한도에서 다른 사람의 토지·건물·배 또는 차 등에 출입하여 사람, 물건 및 장소의 상태를 확인할 수 있다. ② 경찰관은 유흥시설, 숙박업소, 공연장, 음식점, 역, 그 밖에 여러 사람이 출입하는 장소에서의 범죄나 사람의 생명·신체 또는 재산에 대한 위해를 예방하기 위하여 해당 장소의 영업시간이나 일반인에게 공개된 시간에 그 장소에 출입할 수 있다. 그 장소의 관리자나 그에 준하는 관계인은 정당한 이유 없이 경찰관의 출입을 거절할 수 없다. ③ 경찰관은 대간첩 또는 대테러 작전 수행에 필요할 때에는 작전지역에서 제2항에 따른 장소를 검색할 수 있다. ④ 경찰관은 제1항부터 제3항까지의 규정에 따라 필요한 장소에 출입할 때에는 그 장소의 거주자, 관리자나 그에 준하는 관계인(관계인등)에게 신분을 표시하는 증표를 제시하고 출입 이유를 알려야 하며, 함부로 관계인등의 정당한 업무를 방해해서는 아니 된다. ⑤ 경찰관은 제1항부터 제3항까지의 규정에 따라 출입한 후에는 관계인등이 요구하는 경우 출입의 목적, 일시와 장소, 출입한 경찰관의 소속과 성명을 기재한 문서를 관계인등에게 교부하여야 한다. ⑥ 제4항과 제5항에 따른 증표의 제시와 이유를

---

40 제7조 개정권고안 해설에서는 김성태, 위험방지를 위한 출입, 홍익법학 제20권 제4호(2019. 12), 321쪽 이하의 내용이 활용되고 있음.

알리는 것, 문서의 교부가 경찰관의 생명·신체에 대한 위험을 야기하거나 직무집행을 불가능하게 할 것이 명백한 때에는 이를 하지 않을 수 있다.
⑦ 제1항부터 제3항까지의 규정에 따라 경찰관이 출입하는 장소의 관계인등은 경찰관의 출입과 확인·검색을 방해하는 행위를 하여서는 아니 된다.

1) 개정 취지 및 이유

(1) 현행법 제7조의 의의 및 문제점

제7조는 범죄 및 위험의 방지·예방·사전대비 등을 위한 것으로서, 이에 근거한 경찰관의 일정 장소에의 출입은 전형적이며 '고전적인' 경찰조치에 해당한다. 특히 제1항의 다른 사람의 토지 등 출입은 범죄피해자, 자살을 기도한 자, 기타 요구조자의 구조와 같이 생명, 신체의 안전이라는 법익 보호의 중요한 수단이 된다. 실무에서는 장소의 소유자 등 관계인의 동의 없이 출입하는 과정에서 건물의 출입문을 부수고 들어가는 것과 같은 경우에 그의 적법 여부가 많이 문제된다. 대개 국가배상, 손실보상, 공무집행방해죄 등과 관련하여 적법성을 검토하게 된다.

현행 규정은 경찰상 법익의 보호를 위한 출입에 있어 대체로 올바르게 그 근거와 판단기준을 제공하는 것으로 평가할 수 있다. 그러나 경찰조치로서의 출입의 필요와 주거 및 사생활의 자유, 영업의 자유와 같은 기본권의 보장이 조화를 이루는 최적의 규정인지에 대해서는 의문이 드는 부분도 있다. 우선 제7조 제1항에서 출입을 허용하는 요건이 실제 급박한 상황에서 경찰관이 다른 사람의 토지 등을 출입하여야 하는 경우를 제대로 포괄하고 있는지, 출입 시 필요한 작용을 적절히 나타내고 있는지와 같은 것이 그러하다. 제2항의 경우 출입 대상으로 되어 있는 장소가 동항의 취지에 부합하는지, 제3항에서 검색을 규정한 것이 어떤 의미인지, 대간첩 작전 수행에 한정하고 있는 것이 적절한 것인지 묻게 된다. 제4항이 출입 시 신분표시 증표의 제시를 규정하는 정도만으로 기본권을 보호하며 적법하고 안전하게 경찰작용이 이루어지도록 함에 충분한 것인지에 대한 의문도 있다. 나아가 출입 등 조치를 방해하거나 이에 저항하는 경우 현재 규정만으로 실효적인 경찰작용이 관철될 수 있는지의 논란도 일 수 있다.

(2) 개정 방안 및 이유

개정권고안을 통해 현행법 제7조 각 항에서 나타나는 문제들에 대응하는 적절한 법개정 방향을 제시하려 한다. 구체적인 방안 및 이유는 다음과 같다.

현행 제1항의 출입은 위험존재 여부의 확인 및 위해방지, 피해자 구조를 위하여 필요하지만 허용될 수 있는 상황이 제한적이면서도 모호하다. 또한 동항의 취지가 관철될 수 있는 조치 내용에 관한 논란도 있다. 따라서 개정권고안에서는 출입의 요건과 조치의 내용을 수정·보완함으로써 출입이 부득이한 상황에서 경찰관이 적절히 출입하여 필요한 작용을 할 수 있도록 한다.

개정권고안에서는 우선 "제5조제1항·제2항 및 제6조에 따른 위험한 사태가 발생하여" 부분을 삭제함으로써 출입이 요구되는 상황을 불필요하게 한정하지 않도록 하고 있다. 이와 함께 재산을 중대한 재산으로 제한함으로써 출입 권한이 과도하게 행사되지 않게 한다. 다른 한편, 위험의 존재가 반드시 명확하지 않더라도 꼭 필요한 경우 출입이 가능하도록 위험이 의심되는 경우를 요건에 보완하고 있다.

위해의 임박성을 요구하고, 그와 같은 위해를 방지하기 위하여 출입이 부득이한 경우로 한정하며, 출입하더라도 합리적 판단에 따라 필요한 한도에서만 출입이 가능한 것으로 정하고 있는 현행 조항의 내용은 그대로 유지한다.

동항의 출입 대상 장소가 한정적으로 열거된 것이 아닌 예시적인 것임이 보다 분명히 드러나도록 개정권고안은 '토지·건물·배 또는 차'에 '등'의 자구를 포함하였다.

개정권고안은 출입과 함께 논란 없이 확인이 가능하도록 사람, 물건 및 장소의 상태를 확인할 수 있음을 명시하되, 수색까지는 규정하지 않는 보완을 하고 있다.

제2항에 있어서는 현행 규정의 내용을 유지하되, 출입 대상이 되는 장소를 조문의 취지와 현실적 필요에 맞게 유흥시설, 숙박업소, 공연장 등으로 수정하고 있다. 또한 개정권고안은 현행법의 '많은' 사람이 출입하는 장소를 '여러' 사람이 출입하는 장소로 변경하는 것을 제안하고 있다. 이와 같은 개정을 통하여 소규모 영업점과 같이 비교적 작은 장소에 대해서도 범죄 및 위험 예방 목적으로 경찰관이 출입할 수 있음을 보다 분명히 하고 있다. 이와 더불어 현행 제7조 다른 항들과 마찬가지로 경찰관을 주어로 하는 형태로 조문을 정비함으로써 제7조 전체가 통일적인 모습을 갖추

도록 하고 있다.

제3항에서는 수색이 포함된 것으로 해석될 수 있는 검색을 규정한 현재의 입법적 결정을 유지하되, 대간첩 작전과 함께 대테러 작전을 추가하고 있다.

제4항의 경우 현행 규정의 신분을 표시하는 증표의 제시에 더하여 출입 이유를 알리도록 하고, 제5항을 신설하여 출입 후 그 장소의 관계인 등이 요구하는 경우 출입 목적, 일시 및 장소, 경찰관의 소속과 성명을 기재한 문서를 교부하게 함으로써 적법한 출입을 위한 절차를 강화하고 있다. 다른 한편, 증표의 제시와 이유를 알리는 것이 경찰관의 생명·신체에 대한 위험을 초래하거나 직무 집행을 불가능하게 할 수도 있기 때문에 개정권고안에서는 이와 같은 사유가 있는 때에는 예외적으로 증표 제시나 이유 고지를 하지 않을 수 있는 근거도 마련하였다(제6항). 출입 후의 문서 교부에도 이와 같은 예외가 적용될 수 있다.

출입 및 확인·검색에 대한 관계인 등의 수인의무 및 필요한 상당한 정도의 강제에 관해서 논란이 일지 않도록 행정행위 발령과 강제를 명시하는 개정이 필요하다고 보지만, 개정권고안은 출입 및 확인·검색에 대한 관계인 등의 방해행위 금지에 관한 규정을 두는 정도를 제안하고 있다(제7항). 수인하명의 명시적 발령과는 상관없이 관계인 등에게 수인의무가 있음이 확인되도록 하되, 권한(행정행위)과 강제를 구분하여 규정하고 있지 않은 현행 경찰관 직무집행법 다른 조문들과의 조화를 위함이다.

2) 개정 내용
(1) 제1항: 다른 사람의 토지 등 출입
① 한정된 위험 상황, 그러나 모호한 요건

현행 제3조 제1항은 법익에 대한 구체적 위험이 발생한 경우 이를 방지하기 위한 경찰관의 다른 사람의 토지 등 출입을 허용하고 있다. 동항은 구체적 위험을 출입이 허용될 수 있는 상황으로 하되, "제5조 제1항·제2항 및 제6조에 따른 위험한 사태가 발생하여 사람의 생명·신체 또는 재산에 대한 위해가 임박한 때"로 규정함으로써 특히 법익에 대한 손상이 현실화하여 지속되거나 혹은 현실화된 손상으로부터 또 다른 법익 손상 개연성이 초래되는, 이른바 장해(Störung) 상태를 포함하고 있는 모습이 두드러진다. 동항 문언 자체에서 위해가 '임박한 때'를 추가적인 출입 요건으로 정하고 있지만, 동항의 해석상 인정될 수 있는 장해 상태는 통상 시간적으로 가장 급박

한 위험에 해당한다.[41]

　동항이 '제5조 제1항·제2항 및 제6조에 따른 위험한 사태의 발생'을 요건에서 한정함으로써 일견 출입이 허용될 수 있는 경우를 엄격하게 제한하는 것처럼 보이지만, 제5조 제1항 및 제2항, 그리고 제6조에 따른 위험한 사태가 다소 모호하여 현행처럼 한정하였다 하더라도 출입이 허용되는 상황이 특별히 뚜렷하게 되지는 않는다. 다른 한편 이와 같은 한정이 경찰상 법익의 보호가 필요한 상황을 오히려 불필요하게 제한하고 있다는 비판도 가능하다.[42] 결과적으로 생명, 신체, 재산의 보호를 위한 급박한 상황에서 경찰관이 부득이 다른 사람의 토지 등에 출입하여야 하는 경우를 현행 규정이 적절하게 담아내고 있다고 보기는 어렵다.[43] 개정권고안은 꼭 필요한 경우 경찰의 출입이 가능하도록 '제5조제1항·제2항 및 제6조에 따른 위험한 사태의 발생'으로 한정하지 않으면서, 주거의 평온 및 사생활 보호에 대한 헌법적 요구와 조화되도록 요건을 정비하고 있다.

　② 위험의심에서의 적용 문제

　경찰관이 생명, 신체, 재산에 대한 위해를 방지하기 위하여 다른 사람의 토지 등에 출입하여야 하는 경우 당해 장소에서의 위험이 명확하게 인정되는 경우도 있지만, 위험의 존재 여부가 분명하지 않은 경우도 있다. 예컨대 납치 사건에서 납치된 피해자가 경찰관이 출입하려는 장소에 있을 것 같기도 하지만 분명하지는 않은 경우, 자살할지도 모른다고 걱정하는 지인의 신고가 있지만 특정 장소에서 실제 자살을 기도하는지의 여부가 명확하지 않은 경우가 그러하다. 이와 같이 경찰관의 출입이 이루어지는 시점에 위험할 수도, 그리고 위험하지 않을 수도 있는 불명확한 사정의 경우에 이른바 '위험에 대한 의심'(Gefahrenverdacht: 위험의심)이 있게 된다.

---

41 문헌들 가운데 동항을 이른바 긴급출입으로 분류하는 것(장영민/박기석, 경찰관 직무집행법에 관한 연구, 1995, 146쪽; 최영규, 경찰행정법, 2005, 291쪽; 홍정선, 경찰행정법, 2010, 272쪽)도 같은 맥락의 이해라 할 수 있다.

42 예를 들어 이와 같은 한정으로 인해 경찰관 직무집행법 제4조의 응급의 구호를 요한다고 믿을만한 상당한 이유가 있는 자를 발견했다는 이유로는 동조의 출입을 인정할 수 없다는 해석이 있고(장영민/박기석, 경찰관 직무집행법에 관한 연구, 1995, 147쪽), 이러한 해석이 행해진다는 것은 실제 출입이 필요한 경우를 동항이 제대로 규율하지 못하고 있음을 나타낸다.

43 비슷한 견해로는 성홍재, 경찰관의 긴급출입권에 대한 법적 검토, 유라시아연구 제9권 제3호(2019. 9.), 324쪽.

위험의심은 사실관계의 파악(Diagnose)이나[44] 인과진행의 예측(Prognose)에[45] 있어 불확실성이 존재하여 법익손상의 개연성에 대한 판단이 어려운 경우를 설명하는 개념으로 이해되고 있다.[46] 위험의심 상황에서 위험은 불가능한 것은 아니지만 그렇다고 확실하게 긍정되지도 않는다. 경찰실무에서는 이러한 위험의심으로 분류될 수 있는 상황에서도 구체적 위험에 대한 방지를 규정한 것으로 보이는 동항에 근거하여 출입하기도 하며, 대개 적법한 것으로 인정하면서 손실보상 법제를 운용하고 있다.[47]

경찰관의 다른 사람의 토지 등 출입이 위험이 명확하지 않은 위험의심 상황에서 있게 되는 경우, 동항이 출입의 적절한 근거가 된다고 보기는 어렵다. 왜냐하면 위험이 불분명한 상태에서는 내용적으로 먼저 위험의 존재 여부를 확인(Gefahrerforschung)하여야 하며, 위험을 방지하는 것(Gefahrenabwehr)은 위험이 확인된 후에 이루어지는 것으로서,[48] 동항의 문언을 엄밀하게 보면 후자의 상황에서만 출입을 허용하고 있기 때문이다. 그러나 경찰 실무와 법조문 간의 이런 간극에 대해서 국내 문헌들이 크게 문제삼거나 깊게 검토하고 있지는 않다. 엄격하게 법을 해석하는 경우 동항에 근거하여 위험의심 상황에서 출입하는 것은 논란이 될 수 있기 때문에, 개정권고안은 생명·신체 등 법익의 보호, 피해자 구조를 위해 부득이 출입이 필요한 경우 이를 적법하게 행할 수 있도록 위험의심의 상황을 요건에 명시하고 있다.

---

44 예컨대 특정 호텔에서 폭탄이 폭발할 것이라는 협박 전화가 걸려온 경우 신고를 받은 경찰은 자신의 경험에 의하면 실제로는 폭탄이 존재하지 않는다고 생각하지만 폭탄이 없다고 단정할 수 없는 불확실한 상황에 놓이게 된다. 이와 같이 사실관계의 확인이 불분명한 상황은 그것이 위험으로 확인되지 않는 동안 위험의심에 해당할 수 있다.

45 특정 의약품으로 인해 발생할 수 있는 부수적인 유해성이 분명하지 않은 경우가 이에 해당한다.

46 BVerwGE 116, 655; Gusy, Polizeirecht, 6. Aufl., Rn. 113; Ibler, Gefahrenverdacht und polizeiliche Generalklausel, in: Jochum/Fritzemeyer/Kau(Hrsg.), Festschrift für Kay Hailbronner, 2013, S. 740; Knemeyer, Polizei- und Ordnungsrecht, 10. Aufl., Rn. 97 참조.

47 손실보상에서 주로 문제되는 강제적인 주거진입에 있어서 이와 같은 모습들이 확인된다. 예를 들면 우울증과 자살시도 경력이 있는 엄마가 싸우고 나갔는데 연락이 안 된다는 딸의 112신고 접수로 자살기도가 의심되어 엄마의 집을 강제 개문했으나 단순히 부재중인 경우(인천지방경찰청 2016년 5월 사례), 거동이 불편한 할머니집 강아지가 하루 종일 짖어 아랫집의 신고가 있었고 경찰이 할머니의 사고를 의심하여 출입문을 강제로 개방한 사례(서울지방경찰청 2017년 12월)가 그러하다. 이와 같은 실무에 대한 분석은 김성태, 경찰작용에서의 손실보상, 홍익법학 제19권 제4호(2018. 12.), 467쪽 이하 참조.

48 위험의심에서의 위험여부확인 등 조치의 법적 근거 및 적법 요건에 대한 상세한 검토로는 김성태, 危險에 대한 疑心과 危險與否의 確認, 행정법연구 제51호(2017. 12.), 157쪽 및 167쪽 이하 참조.

물론 위험의심의 경우를 법률에 명시하는 것에 대해 비판이 제기될 수는 있다. 위험의심에서도 위험과 마찬가지로 실제와 관련된 정보 및 그에 터잡은 예측이 문제되는 것이고, 개연성을 기준으로 위험의심을 위험과 구별하더라도 어차피 경찰관의 출입을 허용한다면 결과적으로 위험의심은 — 역시 위험으로 평가되는[49] — 낮은 개연성 정도의 위험에 불과하다고 볼 여지가 있는 것이다.[50] 또한 위험의심을 요건에 명시하는 경우 본래 허용될 수 없는 경우까지 출입을 허용하여 과도한 기본권 침해를 초래할 수 있다는 점도 지적될 수 있다.

확실히 위험의심과 위험 둘 모두 본질적으로 예측적 판단과 관련하여 형성된 개념이며, 충분한 개연성이라는 요소가 반드시 엄격하게 해석되는 것은 아니라는 점에서[51] 굳이 위험의심을 명시할 필요가 없다고 생각할 수도 있다. 그러나 앞서 언급한 바와 같이 경찰관의 출입이 이루어져야 하는 실제 사례를 보면 법익손상의 개연성이 충분치 않아 위험이 분명하게 존재한다고 인정하기 어려운 경우가 있고, 이를 상대적 위험 관념이나 혹은 개연성 완화를 통해 현행 규정이 요구하는 위험 요건을 충족한다고 하는 것은 해석의 한계를 벗어난다고 보아야 한다.[52]

또한 위험의심은 법치국가원리가 구현되는 경찰 및 질서행정 작용이 이루어질 수 있는 '최소'의 근거와 관련된 개념으로서[53] 부득이한 경우 이러한 위험의심에 근거

---

49 위험의심의 경우를 외견상 위험으로 분류하면서 외견상 위험을 위험으로 파악하는 견해로는 이기춘, 경찰질서법상 위험개념 및 표현위험과 위험의 의심(서정범/김연태/이기춘, 경찰법연구, 2009), 145쪽; Hoffmann-Riem, "Anscheinsgefahr" und "Anscheinsverursachung" im Polizeirecht, in: Wacke(Hrsg.), Festschrift für Gerhard Wacke zum 70. Geburtstag, 1972, S. 327 ff.

50 위험의심이 위험의 하위 개념이 된다고 하며 위험의심 개념이 도그마틱상 과도한 것이라는 견해 또는 사전적 관점에서 인식될 수 있는 사정과 위험방지법에 특유한 입증정도의 감축에 따라 위험은 존재 여부가 양자택일적으로 결정되는 것이라는 견해에서 이러한 지적이 가능하다. 이와 같은 견해들에 대해서는 이기춘, 앞의 글, 166쪽; Knemeyer, Polizei- und Ordnungsrecht, 10. Aufl., Rn. 96; Schenke, Polizei- und Ordnungsrecht, in: Udo Steiner(Hrsg.), Besonderes Verwaltungsrecht, 5. Aufl., Rn. 59 참조.

51 법익 손상의 단순한 가능성(bloße Möglichkeit) 혹은 손상발생과 동떨어지지 않은 가능성(nicht entfernte Möglichkeit)의 경우에도 위험이 인정될 수 있는 것으로 설명하는 견해로는 Götz, Allgemeines Polizei- und Ordnugsrecht, 13. Aufl., Rn. 142; Knemeyer, 앞의 책, Rn. 108 참조.

52 위험과 위험의심을 구분하여 법적 근거를 검토하는 모습을 보이는 독일 판례들로는 BVerwG, Urteil v. 20. 08. 2003 – 6 CN 4/02; OVG Hamburg, DVBl. 2009, 993; VGH Mannheim, Urteil v. 25. 10. 2012 – 1 S 1401/11; VGH Mannheim, Urteil v. 9. 9. 2012 – 1 S 1281/12; OVG Magdeburg, Urteil v. 21. 3. 2012-3L 341/11, NVwZ 2012, 720 참조.

53 Denninger, E. Polizeiaufgaben, in: Lisken/Denninger(Hrsg.), Handbuch des Polizeirechts, 4.

한 출입을 허용하는 것이 반드시 과도한 기본권 침해나 비례원칙에 반하는 것이라 단정할 것은 아니다. 독일 기본법과 같이 주거 출입에 대해 헌법에서 직접 그 요건을 정하면서 사적 주거의 출입에 있어 구체적 위험으로 볼 수 있는 사정의 존재를 요하는 경우 이는 경찰권 행사의 절대적 한계가 된다.[54] 이와 같은 제한을 두고 있지 않은 우리 헌법하에서는 효과적인 위험방지를 위하여 반드시 구체적 위험이 아니라 하더라도 부득이한 경우 다른 사람의 공간에 출입할 수 있게 하는 입법도 허용될 수 있다고 본다.

요컨대 위험의심을 요건에 보완하는 것이 위험여부의 확인 및 그에 이은 위험의 방지를 위한 적절한 입법적 규율이 되며,[55] 이와 같은 입법에 터잡아 출입의 적법성을 보다 정교하고 바르게 판단할 수 있게 된다. 또한 경찰관 직무집행법 제11조의2에 따른 적법행위에서의 손실보상을 인정하기 위하여 구체적 위험이라 보기 어려운 상황에서의 출입에 대해서 현행 제7조 제1항을 무리하게 해석·적용할 가능성도 낮추게 된다.

③ 엄격한 제약과 비례원칙에 따른 출입의 허용

현행 규정은 "…사람의 생명·신체 또는 재산에 대한 위해가 임박한 때에 그 위해를 방지하거나 피해자를 구조하기 위하여 부득이하다고 인정하면 합리적으로 판단하여 필요한 한도에서 다른 사람의 토지·건물·배 또는 차에 출입할 수 있다."고 하여 매우 엄격하게 출입을 허용하고 있다. 즉 위해의 임박성과 출입의 불가피성을 그 요건으로 들면서, 이와 같은 요건이 충족되더라도 실제 출입은 비례원칙에 합치하는 최소한의 출입만을 허용하고 있다.

동항에서의 임박한 위해는 조문 그대로 '손상발생의 시간적 근접성'의 관점에서 이해되어야 한다. '예상되는 손상이 특별한 정도'로 법익이 중대하다거나, 공공의 안녕과 질서에 대한 급박한 위험을 구성하게 되는 상태가 발생하지 않도록 하기 위한 개입 즉 '사전개입'이 필요한 경우를 의미하는 것은 아니다.

Aufl., Rn. 50.

54 Rachor, F. Das Polizeihandeln, in: Lisken/Denninger(Hrsg.), Handbuch des Polizeirechts, 4. Aufl., Rn. 723 참조.

55 현행 위험방지 및 안전 관련 법제에서 위험의심에서의 국가적 개입을 명시한 예로는 경찰관 직무집행법 제3조, 테러방지법 제2조, 식품위생법 제15조 및 제86조, 감염병예방법 제49조 등을 들 수 있다. 이들 규정에 대한 검토는 김성태, 危險에 대한 疑心과 危險與否의 確認, 172쪽 이하 참조.

생명, 신체, 재산에 대한 위해가 반드시 다른 사람의 토지 등 안에서 발생하고 있을 필요는 없고, 당해 토지 등으로부터 연원하여 그 공간 외부의 생명, 신체, 재산에 위해를 가져오는 경우를 포함한다. 예를 들어 특정 건물이나 토지에서 유독물질이 새어나와 외부에 있는 사람의 생명, 신체에 위험을 초래하는 상황이 이에 해당한다.[56]

동항에서 다소 중복되어 보이기도 하는 엄격한 요건과 비례원칙을 규정하고 있는 것은 특히 다른 사람의 토지 등 공간에 대한 출입이 갖는 기본권 침해성이 매우 강하다고 보았기 때문이다. 문언에서 법익침해의 긴급성, 수단으로서의 보충성, 의무에 합당한 재량판단, 최소침해원칙 등을 정함으로써 기본권 보호와 조화되는 경찰권 행사가 이루어지도록 하고 있다. 이와 같은 규정 방식과 내용으로 경찰관의 출입 권한이 남용되지 않도록 하고 있는 점은 긍정적으로 평가할 수 있으며, 개정권고안에서도 현행 조항의 취지를 그대로 유지하고 있다.

현행 규정이 생명·신체에 대한 위해의 방지를 위하여 출입할 수 있다고 정한 것에 대해서는 특별히 이의를 제기할 것은 없다. 독일의 경우에도 기본법 제13조 제7항에서 공동의 위험(gemeine Gefahr)[57] 및 개개인의 생명에 대한 위험의 경우 주거의 자유에 대한 제한을 허용하고 있고, 경찰의 출입을 허용하는 주경찰법의 규정들이 이러한 헌법의 내용을 명확히 하고 있다. 그러나 출입을 통한 보호대상으로 제한 없이 재산을 규정하고 있는 것은 의문이다. 물론 경찰상 보호법익에 재산을 들고 있고 (경찰관 직무집행법 제2조 제1호), 비례원칙에 의하여 재산 보호를 위한 출입이 어느 정도 통제될 수 있기는 하지만, 어떠한 재산이든 재산의 보호를 위해서라면 다른 사람의 토지 등에 들어갈 수 있는 것처럼 요건을 정하고 있는 것은 주거의 자유 등 기본권 보호와 조화를 이루고 있다고 보기 어렵다. 재산 보호를 위한 출입은 중대한 재산상의 피해를 방지하기 위한 출입만이 가능하다고 제한적으로 해석하여야 하며, 개정권고안에서는 — 물론 여전히 불확정적이기는 하지만 — '중대한' 재산으로 명시하여

---

56 태풍으로 빌라의 베란다 섀시와 유리가 떨어졌고, 주변에 추가적인 피해가 우려된다는 이웃집 신고를 받고 경찰관이 출동하였으나 빌라 집주인이 개문을 거부하여 강제개방 후 안전조치를 취한 사례가 있다(서울지방경찰청 2019년 10월 손실보상심의 사례); 독일 일부 주 경찰법(§36 I Nr. 2 ASOG Bln; §23 I Nr. 3 BbgPolG; §41 Nr. 3 PolG NW; §16 II Nr. 3 HmbSOG)은 주거로부터 공해물질이 유출되어 그 종류, 정도, 기간에 따라 이웃에 현저한 불편을 초래하는 경우의 출입과 수색을 규정하고 있다.

57 여기에서의 공동의 위험은 불특정 수의 사람들로 해석된다. Rachor, 앞의 책, Rn. 709; Denninger, 앞의 책, Rn. 63.

한정하고 있다.[58]

④ 출입 대상

현행 규정에서 출입 대상이 다른 사람의 토지 등으로 되어 있어 여기에서의 '다른 사람'이 소유자에 한정되는지 혹은 점유자 내지 공간에 대한 실제적인 지배권을 가지는 자도 포함되는지의 물음이 제기될 수 있다. 그러나 이 규정에 따른 경찰관의 출입이 타인의 평온한 생활의 영위나 혹은 장소(공간)에 대한 지배권 행사에 대한 국가적 제한이라는 점에서 '다른 사람'을 소유자에 한정할 것은 아니라고 본다.

당해 공간에 대한 실제적인 지배권은 이를 적법하게 행사할 수 있는 것이어야 한다. 기본적으로 그와 같은 자만이 헌법 제16조에 따른 기본권의 보호를 원용할 수 있기 때문이다.[59] 결과적으로, 출입하는 경찰관 이외에 당해 공간에 대하여 법적 근거를 가지고 실제적 지배권을 행사할 수 있는 자가 여기에서의 '다른 사람'이 된다.

동항은 다른 사람의 토지·건물·배 또는 차에 출입할 수 있는 것으로 정하고 있을 뿐 주거를 명시하고 있지 않다. 주거의 평온과 불가침을 위한 기본권 보호 대상으로서의 주거란 개인의 공간적인 사생활 영역이다.[60] 자신의 사생활의 중점으로서 이용하는 공간뿐만 아니라 부속공간(창고, 차고), 정원이나 마당도 포함된다.[61] 작업이나 업무, 상업적 공간도 그것이 평온한 점유물로서의 주거에 해당할 수 있다.[62] 차의 경우 거주가 이루어지는 경우(예컨대 캠핑카)가 아니면 주거에 포함된다고 보기는 어렵다.[63] 동항이 출입 대상에 차를 명시하고 있고, 모든 토지가 주거의 개념에 포함된다고 단정할 수 없으며,[64] 제2항이 많은 사람이 출입하는 영업공간에 대한 출입을 별도로 규정하고 있는 것을 보면 동항의 출입 대상은 통상적으로 이해되는 주거의 개념

---

58 독일 경찰법 모범초안은 중대한 물건(Sachen von bedeutendem Wert)에 대한 위험방지로 한정한 입법 모델을 제시하고 있다(§ 19 I Nr. 3).

59 Rachor, 앞의 책, Rn. 693; 경우에 따라서는 임대계약 기간은 끝났지만 아직 이사를 하지 않은 자도 포함될 수 있다. Gusy, 앞의 책, Rn. 259 참조.

60 성낙인, 헌법학, 2016, 1231쪽.

61 Rachor, 앞의 책, Rn. 693.

62 BVerwGE 109, 279(320); BVerwGE 121, 345(348); Götz, 앞의 책, Rn. 300; Gusy, 앞의 책, Rn. 258; Sachs, GG, 6. Aufl., Art. 13, Rn. 4 참조.

63 Rachor, 앞의 책, Rn. 693.

64 같은 견해로는 손재영, 경찰법, 2018, 356쪽; Gusy, 앞의 책, Rn. 258.

과는 일치하지 않는다. 결국 동항의 토지 등은 제2항에 규정된, 일반에게 공개되어 통상 출입에 특별한 허락을 요하지 않는 장소 이외의 일체의 공간을 지칭하는 정도의 의미를 갖는다.[65]

다른 사람의 토지 등 공간을 그 종류에 따라 구분하지 않으면서 출입 가능성을 일률적으로 정하는 현행 규정이 타당한지에 대해 의문이 있을 수 있다. 모든 공간과 장소들이 헌법이 보호하는 범위 내에서 동일한 정도의 보호를 요하는 것은 아니기 때문이다. 예를 들어 영업이나 업무를 겸하기도 하는 주거지의 공간부분은 외부에 대한 더 큰 개방성을 특징으로 하기 때문에 소유자는 어느 정도 사적인 영역으로부터 떼어 놓게 되고, 순수한 사적 주거공간보다 더 강한 정도의 국가적 제한 아래 놓일 수도 있는 것이다.[66] 그러나 현재와 같이 다른 사람의 토지 등 공간 전반에 대하여 같은 요건으로 엄격하게 출입을 규율하는 것이 경찰관의 권한 남용을 조금이라도 줄일 수 있다고 보아 긍정적으로 평가한다. 다만, 현행 규정이 대상을 한정하여 열거하는 것처럼 보일 수도 있어 개정권고안에서는 대상으로 정하고 있는 것들이 예시적임이[67] 보다 분명히 드러나도록 '등'의 자구를 추가하고 있다.

⑤ 확인과 수색의 문제

헌법 제16조 주거의 자유 혹은 제17조 사생활의 비밀과 자유에 대한 국가의 침해적 조치에 관해서는 헌법 자체에서 별도로 그 요건이나 내용을 정하고 있지 않다.[68] 단지 주거에 대한 압수·수색에 있어 검사의 신청에 의하여 법관이 발부한 영장의 제시가 필요함을 밝히고 있을 뿐이다(제16조). 따라서 입법과정에서 기본권 보장을 강조하며 침해적 조치를 매우 엄격하게 설정할 수도 있고, 반대로 효과적인 위험 방지를 위해 보다 넓게 인정할 수도 있다. 다른 사람의 토지 등 공간에서의 경찰작용으로서 현행 규정은 일단 출입만을 명시하고 있다. 현행 규정이 출입만을 정하고 있어 출입 후 경찰관의 어떠한 행위까지 허용될 수 있는지에 관하여 논란이 되기도 한다.

출입은 다른 사람의 토지 등에서 발생하는 위험을 방지하는 작용의 출발점으로

---

65 결론에 있어 비슷한 이해로는 장영민/박기석, 앞의 책, 150쪽 참조.

66 Rachor, 앞의 책, Rn. 694 참조.

67 같은 견해로는 장영민/박기석, 앞의 책, 150쪽; 홍정선, 앞의 책, 272쪽.

68 우리와 달리 독일 기본법의 경우 수색에 대한 영장을 규정한 제13조 제2항 이외에 제4항 내지 제7항에서 주거의 자유에 대한 제한의 요건을 정하고 있다.

서 최소한의 조치에 해당한다. 출입을 규정한 이유는 동항에서 명시하고 있는 바와 같이 생명·신체·재산에 대한 위해를 방지하거나 피해자를 구조하기 위함이다. 따라서 출입 후 당해 장소에서 사람, 물건, 장소의 상태 등을 확인하는 것이 필요하다.[69] 다만, 이러한 확인은 그 자체로 침해적 성격을 띨 수 있어 확인 행위가 현행 출입수권에 근거를 가질 수 있는지에 대한 문제가 있게 된다. 그러나 현행 규정만으로도 출입시 불가피하게 이루어져야 할 사람, 물건, 상태에 대한 확인 내지 파악(Kenntnisnahme)은 허용된다고 보아야 한다. 출입 후 곧바로 당해 장소를 살피는 확인은 출입의 목적에 가장 직접적으로 연결되어 있으며, 이를 인정하지 않으면 출입을 정한 현행 규정이 실질적으로 의미를 가질 수 없기 때문이다. 독일 경찰법 문헌에서도 대개 주거에의 출입(Betreten einer Wohnung)은 진입(Eintreten), 머무는 것(Verweilen) 및 둘러보는 것(Besichtigen)을 포괄하는 것으로 이해되고 있다.[70]

다른 사람의 공간 내 상황을 정확히 파악하기 위한 방법으로 또한 수색이 검토될 수 있다.[71] 수색이란 물건이나 사람을 발견할 목적으로 사람의 신체나 물건 또는 일정한 장소에서 그 대상을 찾는 것을 말한다.[72] 국가기관이 목표와 목적을 가지고 사람 또는 물건을 찾아내는 것, 혹은 어떠한 사정의 조사를 위해 주거권자(가택권자)가 공개나 제출하지 않은 것을 발견해내기 위해 찾는 것에 수색의 특징이 있다.[73] 수색에는 경우에 따라서는 당사자의 내밀한 영역에까지 들어갈 수 있는, 인격의 자유로운 발현에 본질적인 생활범주까지의 탐지(Ausforschen)가 포함될 수도 있다.[74]

현행 규정에서 정하고 있는 목적에 따라 수색하는 경우 이는 강학상 행정조사에 해당된다. 만약 공간에 대한 지배권을 갖는 자의 의사에 반하여 실시하는 경우 강제로서의 성격(직접강제)을 띠게 된다. 경우에 따라서는 즉시강제에 해당할 수도 있다. 행정조사가 행정강제로서 행해지는 경우 법관이 발부한 영장을 요하는가가 종래 문

---

69 같은 견해로는 손재영, 앞의 책, 345쪽.
70 Gusy, 앞의 책, Rn. 260; Rachor, 앞의 책, Rn. 704, 706 참조.
71 독일의 경우 위험방지 목적의 주거수색까지도 경찰법에 규정을 두고 있다. 주거에 대한 수색을 허용하는 입법을 제안하는 견해로는 성홍재, 위해방지를 위한 경찰의 주거수색권 신설의 입법적 검토, 홍익법학 제13권 제4호(2012. 12.), 505쪽.
72 성낙인, 앞의 책, 1232쪽.
73 BverwGE 47, 31(37); 51, 97(107) 참조.
74 BVerwGE 121, 345(349) 참조.

제되어 왔지만, 현재 대법원 판결이나 헌법재판소 결정의 취지에 따르면[75] 행정조사로서의 수색이 직접강제나 즉시강제로 행해지는 경우 영장을 요하지 않는다 할 것이다.

　육안으로 확인이 가능한 것을 살펴보는 정도에 더하여 필요한 대상을 뒤져 찾아내는 수색은 의도하는 대상을 찾아내는 데에 매우 효과적이다. 그러나 수색이 현재의 규정하에서 허용된다고 보기는 어렵다. 사람의 생명, 신체의 보호 혹은 피해자 구조를 위해 출입 시 주거공간의 각 부분이나 공간 내 소재한 물건에 대해 사회적 상당성을 갖춘 범위 내에서 눈으로 확인하는 정도를 넘어 샅샅이 뒤져 찾아내는 수색까지도 포함된다고 하는 것은 행위의 태양이나 기본권 침해의 강도에 비추어 단지 출입만을 명시한 현행법의 해석 범위를 넘어서기 때문이다.

　개정권고안에서는 출입 시 확인 조치도 가능하다는 점을 분명히 하기 위하여 이를 명시하는 정도의 보완을 제안하고 있다. 수색까지 포함하는 개정이 위험방지 등 경찰임무의 수행을 위해 보다 효과적이겠지만, 많은 경우 확인 규정만으로도 동항의 취지를 살릴 수 있고, 수색까지 규정하는 것과의 실제적 차이가 그리 크지 않다고 보기 때문이다. 수색을 규정하지 않더라도 확인과정에서 상당한 정도의 확인 방법을 넘어서야 하는 경우(예를 들어 납치 사안에서 사람이 들어갈 수 있는 크기의 가구 문을 열어보는 것) 그에 대한 가택권자의 동의를 요청할 수 있고, 이에 응하지 않는 경우 범죄와 관련한 형사소송법상 수색 규정의 원용이 가능할 수도 있는 것이다.

　수색을 제외한 확인만의 보완 제안은 일종의 '타협적' 개정으로서의 의미를 갖기도 한다. 주거에 대한 수색에 있어 검사의 신청에 의하여 법관이 발부한 영장의 제시를 요구하는 헌법 규정하에서 주거에 대한 수색을 명시하는 경우, 형사소추기관일 뿐, 위험방지기관이 아닌[76] 검사에 의한 영장청구도 규정해야 하는 것은 아닌가의 논란이 일 가능성이 있다. 헌법 제16조 주거 수색에는 단지 형사소추에서의 수색뿐만 아니라 위험방지작용으로서의 수색도 포함되는 것으로 해석될 수 있기 때문이다.[77]

---

75 우편물 통관검사절차에서 이루어지는 우편물의 개봉, 시료채취, 성분분석 등 검사의 행정조사로서의 성격에 따라 압수·수색영장을 요하지 않는다는 판례로는 대법원 2013. 9. 26. 선고 2013도7718 판결; 즉시강제에 영장주의가 적용되지 않는다는 취지의 헌법재판소 결정으로는 헌법재판소 2002. 10. 31. 선고 2000헌가12 결정 참조.

76 이에 대한 상세한 검토는 김성태, 독일경찰법 임무규범에서의 새로운 개념에 관한 고찰, 285쪽 이하 참조.

77 주거에 대한 수색을 정하고 있는 독일 기본법에서도 이와 같은 해석을 하고 있다. BVerwGE 28,

독일 기본법의 경우 우리와 달리 영장이 검사의 신청에 의한 것이어야 한다는 규정을 두고 있지 않으며, 더 나아가 급박한 위험의 경우 법관 이외에 법률에서 정한 다른 기관에 의한 영장 발부 가능성도 열어두고 있다.[78] 검사신청에 의한 법관 발부 영장을 정한 우리 헌법하에서[79] 확인과 함께 수색까지 추가하려는 경우 급박한 상황에서의 효과적 대처 필요성에도 불구하고 위험방지 임무 수행과 무관한 검사에 의한 영장청구를 함께 규정하여야 한다는 — 필자 입장에서는 타당하다고 보기 어려운[80] — 논쟁의 발생을 차단할 수 있는 것이다.

확인 이외에 위해방지, 피해자구조, 범인체포 등을 위하여 출입 후 필요한 추가적인 침해조치는 동항과는 별개로 경찰관 직무집행법, 형사소송법 기타 법률에서 정한 다른 권한 및 강제 규정에 근거하여 행하게 된다.[81]

(2) 제2항: 여러 사람이 출입하는 장소의 출입

① 추상적 위험 등에서의 출입

현행 제2항은 흥행장(興行場), 여관, 음식점, 역, 그 밖에 많은 사람이 출입하는 장소를 대상으로 범죄나 사람의 생명·신체·재산에 대한 위해를 예방하기 위하여 경찰관이 이들 장소의 출입을 요구할 수 있는 것으로 규정하고 있다. 동항은 많은 사람이 출입하는 장소들을 예시적으로 열거할 뿐 손상발생의 개연성과 관련한 별도의 요건을 정하지 않으면서 경찰관의 출입 가능성을 열어두고 있다. 이와 같은 규정 형식과 내용을 보면 동항에서는 이른바 '추상적 위험' 내지 '추상적 위험에 대한 의심'(abstrakte Gefahrenverdact: 추상적 위험의심) 또는 '일반적으로 존재하는 위험'(allgemein bestehende Gefahr)과 같은 관념이 두드러진다.

285(286), Götz, 앞의 책, Rn. 301; 행정상 즉시강제로서의 주거에 대한 수색에도 원칙적으로 영장주의가 적용되어야 한다는 견해로는 예컨대 성낙인, 앞의 책, 1232쪽.

78 법관에 대한 신청으로 인한 지체가 수색의 성공을 위협하는 경우 급박한 위험이 인정되며, 형사소송 실무에 있어 이러한 징표는 훨씬 더 넓게 해석되어 결과적으로 경찰에 의한 수색명령이 통상적이고 법관에 의한 영장 발부가 예외가 되고 있다고 한다. Gusy, 앞의 책, Rn. 264; Rachor, 앞의 책, Rn. 726 참조.

79 미국, 독일, 일본과 달리 우리 헌법이 정하고 있는 검사에 의한 영장청구에 대한 비판적 검토로는 김선택, 영장청구권 관련 헌법규정 연구, 2008, 68쪽 이하 및 82쪽 이하 참조.

80 실질에 있어 위험방지 작용의 성격을 갖는 사법경찰관의 긴급임시조치(가정폭력범죄의 처벌 등에 관한 특례법 제8조의2)에 대한 검사 경유 법원 통제의 문제점을 지적하는 문헌[이성용, 가정폭력 법제에 관한 비판적 고찰, 경찰법연구 제11권 제2호(2013. 12.), 53쪽] 역시 이와 같은 입장에 터잡은 것이라 할 수 있다.

81 같은 취지로는 홍정선, 앞의 책, 273쪽.

추상적 위험의심은 단지 일반화 혹은 추상화에 의하여 관념적으로 형성된, 일반적이고 추상적으로 묘사된 사정에서의 위험(즉, 추상적 위험)에 대한 의심을 의미한다. 구체적 위험에 대한 의심이 구체적인 행위나 특정 물건과 같은 개별사례에서의 위험에 대한 의심인 데 반해 추상적 위험의심에서는 이와 같은 개별사례의 존재를 요하지 않는다.[82] 추상적 위험·구체적 위험 어느 하나의 개념으로 설명하기 곤란한 작용들에 있어서의 위험에 대하여 독일 학설 일부에서는 추상적 위험과 구별되는 의미에서의 이른바 일반적으로 존재하는 위험으로 설명하기도 한다. 일반적으로 존재하는 위험은 특정 생활상의 사정에서 경찰상 보호법익에 대한 위협이 예상될 수 있는 경우에 문제되고 그 성립에 있어 손상발생의 단순한 가능성(bloße Möglichkeit)으로 족하지만, 이때의 가능성은 이론적으로 가능한 손상발생에 대하여 현실적으로 생각할 수 있는 단계 ─ 즉 사유가능한 사건진행(denkbarer Geschehensablauf)의 존재 ─ 이상일 것을 요한다고 한다.[83]

동항이 사람이 많이 모여 위험이 발생할 수 있는 전형적인 장소를 상정하고 그와 같은 장소에의 출입을 규정한 것이라면 추상적 위험이,[84] 그와 같은 추상적 위험에 대한 우려, 다시 말해 추상적 위험이 존재할 수도, 존재하지 않을 수도 있다고 하여 규정한 것이라면 추상적 위험에 대한 의심이 문제된다. 다른 한편, 장소출입 권한을 행사하는 경찰관에 착안하여 본다면, 경찰관이 이러한 장소에 실제 출입을 할 때에는 ─ 사고 신고와 같은 특별한 사정이 없는 한 ─ 통상적으로는 위험존재 여부가 불분명하다고 인식하기보다는 출입하려는 특정 장소에서 손상발생의 개연성이 낮은 정도라도 있다고 생각하여, 즉 구체적 장소에서의 손상발생의 단순한 가능성 정도에서 출입한다는 점에서 일반적으로 존재하는 위험으로 파악할 수도 있는 것이다.[85]

---

82 추상적 위험의심에 대한 상세한 설명은 김성태, 危險에 대한 疑心과 危險與否의 確認, 163쪽 참조.

83 다만, 추상적 위험과 일반적으로 존재하는 위험을 같은 것으로 이해하는 견해도 있다. 법문상에 명시된 예로는 바이에른경찰직무법(BayPAG) 제2조 제1항이 경찰의 임무를 지정하면서 일반적으로 존재하는 위험이라는 표현을 사용하고 있다. 구체적 위험, 추상적 위험, 일반적으로 존재하는 위험에 대한 상세한 고찰은 김성태, 예방적 경찰작용에 있어서의 추상적 위험·구체적 위험, 행정법연구 제10호(2003년 하반기), 251쪽 이하, 특히 269쪽 이하 참조.

84 이와 달리 "객관적으로 구체적인 위험성이 존재할 필요가 있을 경우에만 출입이 가능하다"고 보는 견해로는 장영민/박기석, 앞의 책, 154쪽.

85 김성태, 危險에 대한 疑心과 危險與否의 確認, 169쪽 참조.

② 위험예방 내지 위험사전대비 작용

많은 사람이 출입하고 모이는 장소에서는 범죄나 위험이 발생할 가능성이 개인적 내지 사적 공간보다 상대적으로 높으며, 따라서 범죄의 실제 발생이나 사람의 생명·신체, 재산에 대한 현재의 구체적 위험이 없더라도 이들 장소에서의 범죄나 위험에 사전대비하며,[86] 예방하는 경찰 활동이 필요할 수 있다. 현행 규정은 이러한 필요에 따라 흥행장 등 많은 사람이 출입하는 장소에 대해서 범죄나 위해를 예방하기 위한 출입을 규정하고 있다.[87]

현행 규정에서의 예방은 그 표현을 그대로 강조한다면 '위험예방'(Gefahrenverhütung)이 되지만, 위해를 법익에 대한 손상(Schaden) 그 자체로 보며 손상이 발생하는 것을 막는다는 의미로 이해한다면 위험의 방지로 해석될 수도 있다. 즉, 동항을 위험을 '방지하는'(abwehren) 작용에 관한 규정으로 해석하는 것이 불가능한 것은 아니다. 그러나 동항은 범죄나 위험을 미리 예방하거나 사전대비하기 위한 것으로 이해할 때 비로소 특별한 의의를 가질 수 있다. 범죄나 위험의 예방은 범죄나 위험이 발생하지 않도록 하기 위한 것으로서, 범죄를 사전에 막거나 위험조차도 발생하지 않게 하는 것을 그 핵심으로 한다. 경찰관은 추상적 위험 내지 그에 대한 의심 혹은 일반적으로 존재하는 위험이 있는 동항 장소의 출입을 통하여 범죄나 구체적 위험이 발생하지 않게 한다. 결국 현행 규정에서의 출입은 범죄혐의 발생 전 구체적 범죄와 관련 없이 이루어지는 범죄예방(Straftatenverhütung)[88] 또는 '위험 사전예방'을 위한 것이다.

③ 출입 대상

현행 규정은 몇 개의 장소들을 예로 들면서 많은 사람이 출입하는 장소를 경찰관의 출입 대상으로 정하고 있다. 많은 사람이 출입하는 장소는 불특정 다수의 사람

---

86 사전대비를 추후의 임무수행을 위한 준비로 이해하는 경우 예방과 구별될 수 있다. 그러나 실제로는 종종 하나의 행위에서 위험의 예방과 사전대비의 목표가 함께 추구될 수 있고, 예방과 사전대비가 개념적으로 항상 엄격하게 구분되어 사용되는 것은 아니다. 경찰법상 위험의 예방과 사전대비에 대한 상세한 검토는 김성태, 독일경찰법 임무규범에서의 새로운 개념에 관한 고찰, 행정법연구 제8호(2002년 상반기), 282쪽 이하 참조.

87 동항의 출입을 '예방출입'이라 칭하기도 한다. 장영민/박기석, 앞의 책, 152쪽; 최영규, 앞의 책, 292쪽; 홍정선, 앞의 책, 273쪽.

88 범죄예방의 개념에 대한 상세한 검토는 김성태, 독일경찰법 임무규범에서의 새로운 개념에 관한 고찰, 283쪽 참조.

이 출입하는 장소를 말한다.[89] 많은 사람이 출입하는 장소의 경우 범죄나 위험이 발생할 가능성이 사적 공간보다 높을 수 있고, 영업 공간과 같은 곳은 주거의 자유와 관련하여 사적 주거공간에 비해 약한 보호가치성을 갖는다는 점[90] 등에 근거하여 제1항과 같은 엄격한 제한 없이 당해 장소의 관리자 등에게 경찰관이 출입을 요구할 수 있는 것으로 하고 있다.

영업 혹은 사업 장소의 경우 다른 사람의 공간이지만, 그자의 명시적 혹은 추론적인 의사에 따라 공중이 출입할 수 있다. 그러나 이러한 장소에 경찰 역시 직무수행을 위해서 언제든 출입이 가능하다고 단정할 수 있는 것은 아니다. 공중에 대한 출입 허용은 영업적 활동과 같은 특정 목적과 연관되어 있는 것으로서, 국가적 침해작용으로서의 출입까지 허용하는 것으로 볼 수는 없기 때문이다. 불특정 다수의 사람이 자유롭게 출입하는 장소라도 경찰상 법익의 보호가 문제될 수 있어 경찰관이 출입하는 것은 당해 장소의 본래 이용 목적이 아닌, 위험예방 등 경찰 목적을 위한 것으로서 가택권자의 권리에 대한 침해적 성격을 띨 수 있고,[91] 따라서 그에 대한 법적 근거를 마련할 필요가 있는 것이다. 현행 규정은 이러한 필요에 따른 것이다. 대부분의 독일 주경찰법들 역시 공중이 출입하고 머무를 수 있는 장소에 경찰관이 영업 혹은 체류 가능 시간에 위험방지 목적으로 출입하는 것에 대한 권한규정을 두고 있다.[92]

위와 같이 이해되는 현행 규정이 출입 대상을 '많은' 사람이 출입하는 장소로 정하고 있는 것이 적절한 것인지는 다소 의문이다. 불특정의 사람들이 이용을 위하여 출입하는 장소(예를 들어 작은 규모의 영업점[93])라면 꼭 많은 사람이 출입하지 않더라도 사생활 공간보다 범죄나 위험이 발생할 가능성이 상대적으로 높고, 범죄나 위험에 사전대비하는 경찰관의 직무수행이 필요할 수 있다. 개정권고안에서는 현행 규정과 같은 많은 사람이 출입하는 장소가 아닌, '여러' 사람이 출입하는 장소로 변경하는 것

---

89 장영민/박기석, 앞의 책, 152쪽.

90 Rachor, 앞의 책, Rn. 712 참조.

91 BVerwGE 121, 345(348); Götz, 앞의 책, Rn. 304; Münch/Kunig, GG, Bd. 1, 5. Aufl., Art. 13, Rn. 59; Rachor, 앞의 책, Rn. 697 참조.

92 예컨대 §31 VI PolG BW; Art. 23 IV BayPAG; §36 V ASOG Bln; §16 V HmbSOG; §38 VII HSOG 등 참조.

93 이와 같은 예에 해당할 수 있는 국제결혼 중개업소의 불법행위에 대한 일제 단속을 위한 출입을 동향에 근거하여 검토하고 있는 문헌으로는 손재영, 앞의 책, 353쪽.

을 제안하고 있다. 입법상의 번거로움을 고려하지 않는다면 기본권에 대한 과도한 제한을 방지하고, 법률유보원칙을 보다 충실히 실현하기 위해 현행 규정을 유지하면서, 이에 더하여 개별 질서행정법들에서 그 목적과 취지에 맞게 일정 장소에의 출입을 규정하는 방식도[94] 생각해볼 수 있을 것이다.

④ 인정되는 작용

현행 제2항에 근거하여 장소 본래의 이용목적과는 달리 경찰관이 출입하지만 출입 시 별도의 추가적인 수권규정 없이도 경찰관은 그 장소에 어느 정도 머무를 수 있다. 공중에게 공개된 장소로서 경찰관이 당해 장소를 둘러보는 행위 역시 가능하다고 본다. 이러한 행위들은 동항의 출입 목적과 불가분 연계되는 작용으로서 출입의 가장 기본적인 이유가 된다.[95] 또한 특별히 권력적이거나 권리침해적 성격을 띠지 않는 방식으로 상당한 범위 내에서 범죄 및 위험 예방 목적의 안내나 정보 제공과 같은 행위를 할 수 있다. 이는 경찰관 직무집행법의 임무규범 등 경찰의 임무를 정한 규정만으로도 법적 근거를 갖는다.[96] 따라서 출입 후 마땅히 행해질 수 있는 작용들과 관련하여서는 특별히 개정권고안에서의 보완은 필요치 않다.

⑤ 규정 순서와 조문 구성의 문제

동항은 다른 사람의 토지 등 출입을 정한 제1항과 대간첩작전 수행 시의 검색을 정한 제3항 사이에 위치하고 있다. 동항은 경찰상 보호법익의 중대성, 손상발생의 가능성, 시간적 급박성 등에 있어 제1항보다 그 요건이 엄격하지 않으며, 제1항이나 제3항에 비하여 기본권 침해의 강도가 낮다. 출입 등에 관한 제7조 전체의 구조를 보면 보다 엄격한 요건하에서 허용되고 침해의 강도가 더 큰 다른 출입 등 조치의 중간에 동항의 출입이 배치되어 있어 일견 어색해 보일 수 있다. 침해의 강도를 기준으로 하여 동항의 위치를 맨 앞쪽으로 조정하는 것도 고려해볼 수 있다. 그러나 먼저 제1항

---

94 집회 또는 시위 장소에 경찰관의 출입을 규정하고 있는 집회 및 시위에 관한 법률 제19조와 같은 예를 들 수 있다.

95 범죄나 위해 여부의 확인이 동항 출입의 주된 목적이라고 설명하는 문헌으로는 성홍재, 경찰관의 긴급출입권에 대한 법적 검토, 325쪽.

96 임무규범은 경찰작용 영역과 범위를 설정하는 기능(raumeröffnende Funktion)과 동시에 이를 한계지우는 기능(raumbegrenzende Funktion), 그리고 비권리침해적 작용을 적법화하는 기능(legalisierende Funktion)을 갖는다. Knemeyer, Funktion der Aufgabenzuweisungsnormen in Abgrenzung zu den Befugnisnormen, DÖV 1978, S. 11.

에서 원칙적으로 엄격한 요건하에서만 다른 사람의 토지 등 출입이 허용됨을 분명히 하고, 그에 이어 제2항에서 많은 사람이 출입하는 장소에 대해서는 예외적으로 완화된 출입 가능성을 인정하면서, 제3항에서 제2항 장소에서의 침해적 조치로서의 검색을 정하는 현행법의 구성도 체계적이라고 본다. 따라서 개정권고안에서도 현행법에서의 규정 순서를 그대로 유지하고 있다.

한편 현행법에서 동항은 제7조 다른 세 개의 항들과는 달리 경찰관이 아닌 장소의 관리자나 그에 준하는 관계인을 주어로 조문을 구성하고 있다. 이에 따라 경찰관은 출입권이 아닌 출입요구권을 가질 뿐이고 상대방이 승낙권을 갖는다고 설명하는 견해도 있다.[97] 그러나 경찰관의 출입요구 시 관리자 등은 정당한 사유가 없는 한 출입을 거절할 수 없기 때문에 출입요구는 수인 등 상대방에게 의무를 발생시키는 행정행위로서의 성격을 띠며, 경찰관의 권한(Befugnis)에 해당한다. 현재의 조문 형태를 관리자 등의 공간에 대한 권리를 보다 강조하기 위한 것으로 이해할 수도 있지만, 실제로는 경찰관은 대부분 출입요구 없이 먼저 대상 장소에 출입하게 된다.

경찰관을 주어로 하여 "~출입할 수 있다."로 조문을 변경하더라도 정당한 이유가 있으면 관리자 등이 출입을 거절할 수 있다는 현행 규정의 취지와 출입 시 신분을 표시하는 증표를 제시하도록 하는 제4항을 유지하는 경우 결과적으로 현재와 큰 차이가 있는 것은 아니다. 개정권고안에서는 주어를 경찰관으로 변경하여 다른 항들과 통일적인 모습으로 조문을 정비하고 있다.

동항이 출입 대상 장소로 들고 있는 흥행장의 경우 흥행물(연극, 영화, 서커스 등)을 보여주는 장소를 의미하지만 오늘날 잘 사용하지 않는 용어이고 여관의[98] 경우 경찰관의 출입이 필요한 숙박업소 전반을 아우르지 못하며, 범죄나 사고의 발생 가능성이 상대적으로 높은 술집 등 유흥시설에 대한 출입을 분명히 한다는 점 등에서 개정권고안에서는 출입 대상의 예시를 일부 변경하고 있다.

(3) 제3항: 대간첩·대테러 작전지역에서의 검색

현행 제3항은 대간첩 작전지역에서의 제2항 장소의 검색을 규정하고 있다. 검색

---

97 장영민/박기석, 앞의 책, 155쪽.
98 현재 사람이 투숙하고 있는 여관 각 호실은 사람의 사적 공간인 주거로서 그에 대한 출입의 경우 동항이 아닌 제1항의 적용을 받는다. 같은 이해로는 손재영, 앞의 책, 355쪽.

은 사전적으로 '범죄나 사건을 밝히기 위하여 살펴 조사함'을 뜻한다(민중국어사전).
동항의 검색에 대해서는 '물건이나 사람을 직접 찾는 행위 등'[99] 혹은 '검사·수색하는
것'으로[100] 해석되고 있지만, 단순히 둘러보며 확인하는 것에 더하여 숨겨진 것을 뒤
져 찾아내는 의미의 수색까지도 포함되는지는 논란이 될 수 있다. 생각건대 대간첩
작전의 수행이 요구되는 상황에서 중대한 법익의 보호, 손상발생의 높은 개연성, 긴
급한 대처 등 현실적 필요가 있고, 대상 장소가 많은 사람이 출입하는 곳으로 사적
주거로서의 기능이 약한 곳이라는 점에서 영장 없이 일종의 즉시강제 방식으로 행해
지는 수색까지도 포함시킨 입법적 결정으로 이해할 수 있다고 본다. 개정권고안은
이러한 입법을 그대로 유지하고 있다.

동항의 검색은 현재하는 구체적 위험으로서의 간첩행위에 대응하는 경찰관의 교
전 등 실제 진압작전 수행의 경우에 한정된다. 이와 같은 작용보다 시간적으로 훨씬
앞서 행해지는 간첩에 대한 사전 예방, 혹은 장래에 작전이 행해지는 경우를 상정하
여 이루어지는 '위험방지 준비'(Vorbereitung auf die Gefahrenabwehr)로서의[101] 검색은
허용되지 않는다. 또한 작전 상황이 완전히 종료되고 상당한 시간이 경과한 후의 간
첩에 대한 수사 작용에도 동항은 적용되지 않는다.

검색을 위한 출입의 권능은 일견 제2항에 의하여 인정되는 것처럼 비치기도 하
지만, 제2항은 앞서 본 바와 같이 사전대비 및 예방 목적으로 출입을 허용하는 것이
주된 취지여서 대간첩 작전을 수행하는 상황과 같은 구체적 위험의 경우에는 맞지
않는다. 결국 검색에 필요한 출입은 제3항 검색에 대한 수권 자체에 포함되어 있다고
보아야 한다. 현행 제4항의 "경찰관은 제1항부터 제3항까지의 규정에 따라 필요한
장소에 출입할 때에는"의 문언 역시 이를 전제한 것이라 할 수 있다.

현행 규정은 분단국가에서 경찰의 대간첩 작전 수행의 필요에 따라 법적 근거를
마련하고 있는 경찰관 직무집행법의 조항들(제2조 제3호, 제5조 제2항, 제10조의4 제1항
제3호 및 제3항)과 궤를 같이하며 마련된 것이다. 그러나 최근 국내외적으로 테러에
대한 대처가 문제되고 있고, 대테러 작전 수행이 경찰관 직무집행법상 경찰임무에

---

99 홍정선, 앞의 책, 274쪽.
100 장영민/박기석, 앞의 책, 157쪽.
101 위험방지의 준비에 대한 상세한 설명은 김성태, 독일 경찰법 임무규범에서의 새로운 개념에 관한 고찰,
    276쪽 이하 참조.

포함되어 있기 때문에(제2조 제3호) 개정권고안에서는 적용범위를 대테러 작전까지 확대하고 있다.

(4) 제4항: 신분표시증표 제시 등

출입 시 경찰관에게 신분을 표시하는 증표를 제시하게 하고 함부로 관계인의 정당한 업무를 방해할 수 없도록 하고 있는 현행 제4항은 침해적 성격을 띤 경찰관의 출입이 적법하고 적정하게 이루어지도록 하기 위함이다. 특히 함부로 정당한 업무를 방해해서는 안 된다는 점을 명시함으로써, 비례원칙이 준수되어야 하고 과도한 권한 행사가 허용될 수 없음을 분명히 하고 있다. 그러나 현행법은 출입의 이유를 제시하는 것에 대해서는 규정하고 있지 않다. 개정권고안은 증표 제시와 함께 출입 이유 제시를 추가함으로써 경찰관 스스로 적법성 여부에 대하여 확인케 하고 상대방의 권리 보호에 도움이 되도록 하고 있다.[102]

(5) 제5항: 출입사실기재문서 교부

적법한 출입이 행해지고 출입을 위한 절차적 규정들의 준수가 이루어지도록 하기 위하여 개정권고안에서는 경찰관이 출입 후 그 장소의 거주자, 관리자나 그에 준하는 관계인('관계인등')이 요구하는 경우 출입의 목적 및 이유, 일시 및 장소, 출입 경찰관의 소속 및 성명을 기재한 문서를 교부하도록 하는 규정을 신설하고 있다.[103]

(6) 제6항: 증표 등 제시 및 문서 교부의 예외

개정권고안은 출입에 대한 절차적 통제를 강화하는 동시에 경찰관의 안전 확보와 적정한 직무집행이 가능하도록 하기 위하여 제6항에서 증표의 제시와 이유를 알리는 것, 문서의 교부가 경찰관의 생명·신체에 대한 위험을 야기하거나 직무집행을

---

102 현행법에 명시적으로 규정된 것은 아니지만 출입 시 출입 목적을 알려야 한다고 해석하는 문헌으로는 홍정선, 앞의 책, 275쪽.

103 참고로 수색에 관한 독일의 모범초안(MEPolG)에 의하면 수색 시 주거권자 혹은 그의 대리인은 고지로 인해 조치의 목적이 위협받지 않는 한 수색의 이유가 지체 없이 고지되어야 한다(제20조 제3항). 또한 수색에 대한 조서가 작성되어야 한다. 조서에는 책임 있는 기관, 이유, 수색의 시간과 장소 및 결과가 포함되어야 하고, 수색한 경찰관과 주거권자 혹은 참관한 제3자가 서명하여야 한다. 서명이 거부되는 경우 이에 관한 표시가 행해져야 한다. 요구가 있는 경우 주거권자 혹은 그 대리인에게 조서의 사본을 교부하여야 한다(제20조 제4항). 조서작성 혹은 사본의 교부가 특별한 사정으로 불가능하거나 수색의 목적이 위협받게 되는 경우 당사자에게는 단지 책임 있는 기관 및 수색의 시간과 장소에 관한 내용만을 문서로 확인해줄 수 있다(제20조 제5항).

불가능하게 할 것이 명백한 때에는 이를 하지 않을 수 있는 예외를 명시하고 있다.

출입 등 조치 후 경찰관의 출입사실 기록 및 경찰관서장에 대한 보고 역시 출입 권한 행사가 올바르게 행해지도록 하는 통제 장치로서 의미를 가질 수 있지만,[104] 이에 관해서는 반드시 법률이 아닌 행정입법으로 정하더라도 크게 문제되지 않는다고 보아 개정권고안에는 넣지 않고 있다. 이와 같은 행위들은 직접 출입 상대방에 대한 것이 아니어서 이를 법률에 규정하지 않고 시행령이나 경찰 내부 규정에[105] 마련하는 정도로도 출입 행위의 적법성 확보에 어느 정도 효과가 있을 것이다.

출입 시 관계인 등에게 경찰의 활동을 지켜볼 수 있는 권리를 명시하여야 한다는 견해가 있지만,[106] 별도의 규정이 없더라도 이는 관계인 등이 당연히 갖는 권리로 보아야 한다. 이러한 권리를 제한하기 위해서는 경찰관 직무집행법 혹은 다른 법률에 그 근거가 있어야 한다.

(7) 제7항: 관계인등의 방해 금지

제1차적 조치로서의 행정행위 등에 대한 권한(Befugnis)과 구별하여 별도로 제2차적 조치로서의 강제(Zwang)를 체계적으로 규정하고 있지 않은 현행 경찰관 직무집행법에서는 하나의 규정으로부터 행정행위의 발령뿐만 아니라 경찰강제까지도 인정하는 것이 필요한 경우가 있다. 현행법 제7조의 출입 등 조치는 같은 맥락에서 수인하명과 저항에 대한 상당한 범위 내 실력행사로서의 제지 및 직접강제 혹은 즉시강제가 허용되는 것으로 해석되어야 한다.[107] 특히 제1항의 출입과 제3항의 검색 규정은 강제를 인정하지 않는 경우 실질적 의미를 갖기 어렵다. 판례는 현행 제4조 제1항이나[108] 제6조 제1항에[109] 근거한 강제를 인정하고 있다. 제2항의 출입에 있어서는 관

---

104 같은 취지로는 성홍재, 경찰관의 긴급출입권에 대한 법적 검토, 334쪽.
105 현재 경찰관 직무집행법에 의한 직무집행시의 보고절차 규칙(경찰청훈령 제477호)은 법 제7조 제2항에 의하여 다수인이 출입하는 장소에 출입한 때에는 지체없이 지역경찰관서 근무일지에 당해 위험방지출입과 관련된 구체적인 내용을 기재하도록 하고 있다(제6조). 법 제7조 제3항에 의하여 작전지역안을 검색한 때에도 작전지역검색보고서를 작성하여 소속 경찰관서의 장에게 보고하여야 한다(제7조). 그러나 동 규칙은 법 제7조 제1항에 근거한 출입에 대해서는 규정하고 있지 않다. 실무에서는 112신고사건처리표에 기재하여 전산으로 관리하고 있다.
106 홍정선, 앞의 책, 275쪽.
107 주거에 대한 출입을 규정하고 있는 독일법에 있어서도 이와 같이 이해함에 의문이 없다. Gusy, 앞의 책, Rn. 260 참조.
108 "경찰관 직무집행법 제4조 제1항 제1호(이하 '이 사건 조항'이라 한다)에서 규정하는 술에 취한 상태로 인하

71

계인의 승낙권을 인정한다거나[110] 혹은 위험예방 내지 사전대비로서의 성격에 비추어 강제까지 허용하는 것에 의문을 가질 수도 있지만, 앞서 언급한 바와 같이 경찰관의 출입요구는 행정행위에 해당한다고 보아야 하며 이의 실효성을 확보하기 위한 강제도 같이 수권한 것으로 보아야 한다. 다만 실제 강제를 행함에 있어서는 구체적 위험의 방지가 아닌 예방 및 사전대비의 공익과 침해되는 법익 간의 균형이 엄격하게 고려되어야 한다.

이와 같은 해석에도 불구하고, 강제를 인정할 수 있는지, 그리고 강제를 인정하는 규정이라면 즉시강제만이 아닌 경찰하명의 근거도 될 수 있는지에 대한 논란을 없애기 위해 개정 시 관련 내용들을 법률에 명시하는 것이 바람직하다. 그러나 현행 경찰관 직무집행법 다른 규정들과의 균형을 생각하여 개정권고안은 제7항에서 출입 시 상대방의 수인 및 방해금지 의무를 보다 분명하게 규정하는 정도의 보완을 제안하고 있다.

여 자기 또는 타인의 생명·신체와 재산에 위해를 미칠 우려가 있는 피구호자에 대한 보호조치는 경찰 행정상 즉시강제에 해당하므로, 그 조치가 불가피한 최소한도 내에서만 행사되도록 그 발동·행사 요건을 신중하고 엄격하게 해석하여야 한다."(대법원 2012. 12. 13. 선고 2012도11162 판결)

109 "원심은 판시와 같은 사정을 들어, 경찰관들이 2015. 5. 6. 국회의사당의 진입전용 정문 앞에서 피고인 등을 비롯한 시위대에 대하여 한 제지행위는 경찰관 직무집행법 제6조에서 정한 즉시강제의 요건을 충족한 적법한 직무집행이라고 판단하였다. 원심판결 이유를 적법하게 채택된 증거들과 원심 판시 관련 법리에 비추어 살펴보면, 위와 같은 원심판결에 상고이유 주장과 같이 경찰관 직무집행법 제6조의 제지 조치 등에 관한 법리를 오해하여 필요한 심리를 다하지 아니하거나, 논리와 경험의 법칙을 위반하여 자유심증주의의 한계를 벗어난 잘못이 없다."(대법원 2017. 5. 31. 선고 2016도21077 판결)

110 이러한 관점에서 강제가 허용되지 않는다고 보는 견해로는 장영민/박기석, 앞의 책, 155쪽.

8. 제8조(보호조치)   [서정범]

현 경찰관 직무집행법	개정권고안
제4조(보호조치 등) ① 경찰관은 수상한 행동이나 그 밖의 주위 사정을 합리적으로 판단해 볼 때 다음 각 호의 어느 하나에 해당하는 것이 명백하고 응급구호가 필요하다고 믿을 만한 상당한 이유가 있는 사람(이하 "구호대상자"라 한다)을 발견하였을 때에는 보건의료기관이나 공공구호기관에 긴급구호를 요청하거나 경찰관서에 보호하는 등 적절한 조치를 할 수 있다.	제8조(보호조치) ① 경찰관은 수상한 행동이나 그 밖의 주위 사정을 합리적으로 판단해 볼 때 다음 각 호의 어느 하나에 해당하는 것이 명백하고 응급구호가 필요하다고 믿을 만한 상당한 이유가 있는 사람(이하 "구호대상자"라 한다)을 발견하였을 때에는 보건의료기관이나 공공구호기관에 긴급구호를 요청하거나 경찰관서에 보호하는 등 적절한 조치를 할 수 있다.
1. 정신착란을 일으키거나 술에 취하여 자신 또는 다른 사람의 생명·신체·재산에 위해를 끼칠 우려가 있는 사람	1. 정신착란을 일으키거나 술에 취하여 자신의 생명·신체·재산에 위해를 끼칠 우려가 있는 사람
2. 자살을 시도하는 사람	2. 자살을 시도하는 사람
3. 미아, 병자, 부상자 등으로서 적당한 보호자가 없으며 응급구호가 필요하다고 인정되는 사람. 다만, 본인이 구호를 거절하는 경우는 제외한다.	3. 미아, 병자, 부상자 등으로서 적당한 보호자가 없는 사람. 다만, 본인이 구호를 거절하는 경우는 제외한다.
② 제1항에 따라 긴급구호를 요청받은 보건의료기관이나 공공구호기관은 정당한 이유 없이 긴급구호를 거절할 수 없다.	4. 그밖에 자유로운 의사결정을 할 수 없거나 타인의 원조를 필요로 하는 상태에 있는 사람
③ 경찰관은 제1항의 조치를 하는 경우에 구호대상자가 휴대하고 있는 무기·흉기 등 위험을 일으킬 수 있는 것으로 인정되는 물건을 경찰관서에 임시로 영치(領置)하여 놓을 수 있다.	② 경찰관은 제1항의 경우 외에, 생명·신체에 대한 중대한 위험을 초래하는 행위가 목전에 행해지거나 계속되는 것을 제지하기 위하여 필요한 때에는 그를 행하려 하는 자에 대해서도 보호조치 등 적절한 조치를 할 수 있다.
④ 경찰관은 제1항의 조치를 하였을 때에는 지체 없이 구호대상자의 가족, 친지 또는 그 밖의 연고자에게 그 사실을 알려야 하며, 연고자가 발견되지 아니할 때에는 구호대상자를 적당한 공공보건의료기관이나 공공구호기관에 즉시 인계하여야 한다.	③ 제1항과 제2항에 따른 보호조치를 위하여 경찰관서에 보호시설을 설치할 수 있으며, 그의 운영에 관한 사항은 대통령령으로 정한다.
⑤ 경찰관은 제4항에 따라 구호대상자를 공공보건의료기관이나 공공구호기관에 인계하였을 때에는 즉시 그 사실을 소속 경찰서장이나 해양경찰서장에게 보고하여야 한다.	④ 제1항에 따라 긴급구호를 요청받은 보건의료기관이나 공공구호기관은 긴급구호의 요청에 따라야 한다. 다만 긴급구호의 요청에 따를 수 없는 정당한 이유를 적시하여 소명하는 경우에는 그러하지 아니하다.
⑥ 제5항에 따라 보고를 받은 소속 경찰서장이	⑤ 경찰관이 제2항에 따른 보호조치를 한 경우에는 지체없이 대상자의 가족·친지 기타의 연고자에게 그 사실을 통지하여야 하며, 보호조치의

나 해양경찰서장은 대통령령으로 정하는 바에 따라 구호대상자를 인계한 사실을 지체 없이 해당 공공보건의료기관 또는 공공구호기관의 장 및 그 감독행정청에 통보하여야 한다.

⑦ 제1항에 따라 구호대상자를 경찰관서에서 보호하는 기간은 24시간을 초과할 수 없고, 제3항에 따라 물건을 경찰관서에 임시로 영치하는 기간은 10일을 초과할 수 없다.

허용성 내지 그의 계속 여부에 대하여 법관의 결정을 받아야 한다.

⑥ 제1항과 제2항에 따른 조치를 하는 경우에 경찰관은 보호조치의 대상자가 휴대하고 있는 무기·흉기 등 위험을 일으킬 수 있는 것으로 인정되는 물건을 경찰관서에 임시로 영치(領置)하여 놓을 수 있다.

⑦ 경찰관이 제1항에 따른 보호조치를 한 때에는 지체없이 구호대상자의 가족·친지 기타의 연고자에게 그 사실을 통지하여야 하며, 연고자가 발견되지 아니한 때에는 구호대상자를 적당한 보건의료기관·공공구호기관 등에 즉시 인계하여야 한다.

⑧ 경찰관은 제5항의 규정에 의하여 구호대상자를 적당한 보건의료기관·공공구호기관 등에 인계한 때에는 즉시 그 사실을 소속 경찰서장 또는 해양경찰서장에게 보고하여야 한다.

⑨ 제8항에 따라 보고를 받은 소속 경찰서장이나 해양경찰서장은 대통령령으로 정하는 바에 따라 구호대상자를 인계한 사실을 지체 없이 해당 공공보건의료기관 또는 공공구호기관의 장 및 그 감독행정청에 통보하여야 한다.

⑩ 제1항과 제2항에 따라 보호조치를 하는 경우 경찰관서에서 보호하는 기간은 24시간을 초과할 수 없고, 제6항에 따라 물건을 경찰관서에 임시로 영치하는 기간은 10일을 초과할 수 없다.

1) 보호조치에 관한 규정의 쟁점 1. '제지를 위한 보호조치의 도입'의 문제

(1) '제지를 위한 보호조치의 도입'의 필요성

학문적으로 보호조치는 이른바 보호조치의 대상이 되는 자를 보호하기 위한 보호조치(협의의 보호조치)와 생명이나 신체에 대한 중대한 위험을 초래할 우려가 있는 행위를 제지하기 위한 보호조치(이른바 제지를 위한 보호조치)로 나누어 설명될 수 있다. 그런데 우리나라의 경찰관 직무집행법은 종래 협의의 보호조치만을 규정하고 있을 뿐, '제지를 위한 보호조치'에 대해서는 규정하고 있지 않았다.

이처럼 '제지를 위한 보호조치' 규정의 부재는 — 경찰법이론상으로는 물론 — 특히 경찰실무에 있어 국민의 생명이나 신체에 대한 중대한 위험이 존재함에도 불구하고 사실상 경찰이 취할 수 있는 조치를 없게 만드는 커다란 문제점을 노정하여 왔다. 이러한 사태를 직시하여 우리 워킹그룹은 이른바 '제지를 위한 보호조치의 도입'의 필요성을 인정하고, 이를 경찰관 직무집행법에 반영하여야 할 것을 제안한다.

(2) '제지를 위한 보호조치'의 적법성 내지 정당성

'제지를 위한 보호조치의 도입'의 필요성을 인정하는 경우에 있어 가장 문제가 되는 것은 '제지를 위한 보호조치의 적법성 내지 정당성을 어떻게 확보할 것인가?'에 관한 것이다. 이 문제의 해결을 위해서는 필연적으로 다음과 같은 문제를 구체적으로 고려하여야만 했다.

① 영장주의의 적용 여부

제지를 위한 보호조치에 영장주의가 적용되는지 여부가 문제된다. 이 문제에 대한 워킹그룹 위원들 간의 토론 과정 중에 — 행정상 즉시강제에의 영장주의의 적용 여부에 관한 다수설과 헌법재판소의 결정내용[111] 등을 고려하면 — '제지를 위한 보호조치'의 경우 영장주의로부터 자유로울 수도 있다는 주장이 제기되었다. 그러나 인신에 대한 구속을 수반하는 제지를 위한 보호조치에 대해서는 조금 더 신중한 접근이 필요하다는 주장이 대두되면서, 제지를 위한 보호조치의 시행이나 계속은 영장의 발급 등을 통한 사법부의 판단에 따르도록 하여야 한다는 결론에 달하였다.

② 영장주의의 요청을 어떻게 확보할 것인가?

제지를 위한 보호조치에 영장주의의 요청이 적용되는 것이 원칙이라고 한다면, 영장주의의 요청을 어떻게 확보할 것인가의 문제만 남게 된다. 이 경우 제지를 위한 보호조치가 요구되는 상당수의 경우가 급박성을 전제로 하는 것을 고려하면, 현실적으로 '사후영장의 발급'에 의존할 수밖에 없다고 생각한다.

한편 제지를 위한 보호조치 여부의 결정을 현장 경찰관 개인의 판단에 맡길 것이 아니라 경찰관서의 장 등의 결정에 따르도록 하는 방안이 토론 과정에서 제시된

---

[111] "구 「음반·비디오물 및 게임물에 관한 법률」 제24조 3항에 따른 음반·비디오물 및 게임물의 수거와 폐기는 급박한 상황에 대처하기 위한 것으로서 그 불가피성과 정당성이 충분히 인정되는 경우이므로, 이 사건 법률조항이 영장 없는 수거를 인정한다고 하더라도 이를 두고 헌법상 영장주의에 위배되는 것으로는 볼 수 없다"고 판시한 헌법재판소 2002. 10. 31. 선고 2000헌가12 판결 참조.

바도 있는데, 이론적으로는 그 나름의 설득력이 있다고 생각하지만 우리나라 국민들의 일반적 정서와는 합치되지 않는다고 판단되어 채택하지 않았다.

(3) 보호시설의 설치에 관한 근거규정의 설치

'제지를 위한 보호조치'의 대상자를 유치장에 머무르게 하는 것의 곤란성 내지 문제점에 대해서는 이미 여러 차례에 걸쳐 지적된 바 있다. 따라서 '제지를 위한 보호조치'를 위하여 별도의 보호시설이 마련될 필요가 있으며, 이를 위하여서는 보호시설 설치에 관한 근거규정이 설치되어야 한다.

2) 보호조치에 관한 규정의 쟁점 2. 보호조치 일반에 관한 문제

'제지를 위한 보호조치의 도입'이라는 문제 이외에도 현행 경찰관 직무집행법상의 보호조치 규정에 대하여는 여러 가지 문제점이 지적되어 왔는바, 그 가운데 주목해야 할 것으로는 다음과 같은 것이 있다.

(1) 보호조치의 기간

먼저 보호조치의 기간에 관한 문제인데, 현행법은 "24시간을 초과할 수 없다"라고 규정하고 있을 뿐이다. 이와 관련하여 — 조치의 허용성의 문제를 넘어서서 — 보호조치의 계속성의 문제가 논의되어야 한다. 예컨대 보호조치의 대상자로부터 생명이나 신체에 대한 중대한 침해가 계속하여 발생할 위험이 있는 경우라면 법관의 영장 등을 발급받아 보호조치를 계속할 수 있는 길을 열어 줄 필요성이 있는 등의 문제에 대한 논의가 그것이다.

(2) 보건의료기관 등의 긴급구호요청에 응할 의무규정의 설치

의료처치를 필요로 하는 등 경찰관서에서 보호조치를 행하는 것이 사실상 불가능하거나 현저히 곤란한 경우가 있다. 이러한 경우 경찰은 어쩔 수 없이 보건의료기관이나 공공구호기관 등에 긴급구호요청을 하게 되는데, 이 경우 해당 기관에게 긴급구호요청에 응할 의무가 인정되는지, 인정된다면 그 의무의 이행을 어떻게 확보할 것인지가 문제된다. 현행 경찰관 직무집행법은 이들 기관이 "정당한 이유없이 긴급구호를 거절할 수 없다."고 규정하고 있는데, 해당 조항을 놓고, "정당한 이유가 있다면 긴급구호를 거절할 수 있다."는 점을 강조하는 견해가 등장하고 있는 실정을 고려해야 한다.

3) 개정권고안의 주요 내용

위에서 언급한 점들을 고려하여 보호조치규정을 정비하는 경우, 뒤에서 제시하는 바와 같은 규정을 마련하는 것을 생각해 볼 수 있다. 한편 독일의 통일경찰법모범초안(MEPoIG)은 보호조치에 관하여 참고에서 보는 바와 같이 4개의 조문을 가지고 있다. 이러한 조문 구성은 그들 조문이 각각 어느 정도는 성질을 달리하고 있다는 점에 착안한 것으로 보이며, 나름대로 설득력이 있다. 다만 우리나라의 경찰관 직무집행법에 보호조치에 관하여만 이렇게 많은 조문을 갖도록 하는 것은 의문시되는 면이 있으므로, 일단 최소한의 내용을 하나의 조문에 담는 것이 좋다고 생각하였다. 조문을 작성함에 있어서는 다음과 같은 사항을 고려하였다.

제1항의 이른바 '협의의 보호조치'의 대상자를 규정함에 있어 현행법은 '정신착란을 일으켜 술에 취하여 자신 또는 다른 사람의 생명·신체·재산에 위해를 끼칠 우려가 있는 사람'으로 규정하고 있다. 그러나 여기에서 '다른 사람의 생명·신체·재산에 위해를 끼칠 우려가 있는'이란 부분은 사실상 제2항의 제지를 위한 보호조치와의 구분을 모호하게 만드는 요소가 있다고 생각되어 삭제하였다.

한편 경찰관 직무집행법은 구호대상자를 열거적으로 나열하고 있는데, 입법 당시에 고려하지는 못했으나 구호가 필요한 사람이 있을 수도 있다고 생각되어 제4호에서 '그밖에 자유로운 의사결정을 할 수 없거나 타인의 원조를 필요로 하는 상태에 있는 사람'을 보호대상자로 규정하였다.

제2항의 설치 필요성은 특히 스토킹이나 가정폭력 등과 같은 사회적 약자의 보호와 관련하여 많은 강조되어 왔으며, 여성계와 국민 일반으로부터 강력한 입법요구가 있던 부분이다. 물론 사람의 인신에 대한 구속을 수반하는 면이 있는 것은 사실이지만, 요건을 매우 까다롭고 엄격하게 하고 그의 허용성에 대하여 (경찰관의 결정에 맡기는 것이 아니라) 궁극적으로 사법부의 판단에 따르도록 하는 방법을 통하여 부당한 인권침해가 일어나지 않도록 하지 않는다면 이러한 의미의 보호조치 도입을 망설일 필요는 없다고 생각한다.

제3항에서 보호실 설치의 근거규정을 설치하였다. 다만, 보호실의 운영에 관한 자세한 사항을 경찰작용법의 성격을 갖는 경찰관 직무집행법에 규정하는 것은 타당치 않다고 생각되어 그의 운영에 관하여는 대통령령에 위임하는 방식을 취하였다.

제4항은 긴급구호요청의 실효성 확보를 위하여 마련한 것이다. 현행 경찰관 직무집행법 제4조 제1항은 '긴급구호를 요청받은 보건의료기관이나 공공구호기관은 정당한 이유없이 "긴급구호를 거절할 수 없다."라고 규정되어 있다. 이 때문에 "보건의료기관·공공구호기관은 긴급구호의 요청을 거절할 수 있는 권리가 있다."는 의견도 제시되고 있음은 전술한 바와 같다.

사실 경찰관이나 경찰관서가 구호대상자에게 의학적 대처를 하는 것은 불가능하므로 의학적 처치가 필요한 정신착란자나 병자, 부상자 등에 대하여는 경찰관서에서의 보호조치는 의미가 없게 된다. 따라서 긴급구호가 필요하게 되는데, 이 경우 긴급구호를 요청받은 보건의료기관·공공구호기관이 그를 손쉽게 거절할 수 있다고 하면 사실상 보호조치의 실효성은 확보될 수가 없다. 이러한 점을 고려하여 긴급구호요청을 해당 기관이 거절할 수 없음을 분명히 하고, 부득이한 사정이 있을 때 한하여 그에 대한 소명을 거쳐 예외적으로 요청을 거부할 수 있다는 취지를 확실히 하였다. 결론적으로 "구호를 요청받은 보건의료기관·공공구호기관은 긴급구호의 요청에 따라야 한다. 다만 긴급구호의 요청에 따를 수 없는 정당한 이유를 적시하여 소명하는 경우에는 그러하지 아니하다."라고 규정할 것을 제안한다.

제6항과 관련하여서는 오래전부터 일반조항으로서의 (임시)영치에 관한 규정의 설치필요성이 학계와 실무계에서 주장되어 왔다. 그에 대한 비교법적 근거로서 독일의 경찰법들이 예외없이 (임시)영치에 관한 일반조항을 두고 있는 것이 제시되어 왔다. 그러나 우리나라의 경우 그러한 조항의 도입에 대한 반론이 엄존하는 것으로 생각되어 일반조항으로서의 (임시)영치는 도입하지 않는 것으로 결정하였다. 다만, 보호조치의 경우 예전부터 보호조치의 대상자가 소지하고 있는 흉기 등의 영치 필요성이 인정되어 왔고, 현행법 또한 그를 명문으로 규정하고 있음을 고려하여 보호조치 부분에 있어서의 영치조항을 그대로 존치시킨다.

제7항과 제8항은 현행 경찰관 직무집행법 조항을 그대로 가져온 것이다. 그 이유는 이에 관하여는 그동안 많은 논의가 축적되어 있지 않아서 특별히 쟁점화된 사항이 없어서였다. 다만, 인계기관의 범위에 관한 고찰이 필요하다는 견해가 제시된 바 있으며, 경찰서장 등에의 보고가 꼭 필요한 것인지에 대하여도 의문을 제시하는 견해가 있음은 부기해 두기로 한다. 즉, 기록 및 보관정도로도 충분하다는 의견도 있

었다. 제9항과 제10항 역시 현행 경찰관 직무집행법 조항을 그대로 가져온 것이다.

[참고] 독일의 통일경찰법모범초안(MEPolG)의 보호조치에 관한 규정

제13조(보호조치) ① 경찰은 다음 각 호의 경우에 보호조치를 취할 수 있다.

1. 특히 자유로운 의사결정이 배제되어 있거나 혹은 타인의 원조를 필요로 하는 상태에 있는 자를 생명 또는 신체에 대한 위험으로부터 보호하기 위하여 필요한 때

2. 범죄행위나 중대한 위험을 초래하는 질서위반행위가 목전에 행해지거나 계속되는 것을 저지하기 위하여 필요한 때

② 경찰은 보호자의 보호를 벗어난 미성년자를 보호자 혹은 청소년보호시설에 인계하기 위하여 보호조치를 취할 수 있다.

③ 미결구금, 자유형 혹은 자유를 박탈하는 조치의 집행을 면한 자 또는 허가 없이 행형시설 밖에 거주하는 자를 보호하여 다시 그 시설에 인계할 수 있다.

제14조(법관의 결정) ① 제9조 제2항 제3문, 제11조 제3항 혹은 제13조에 근거하여 사람을 구금한 경우에 경찰은 지체없이 자유박탈의 허용성과 계속성에 대한 법관의 결정을 받아야 한다. 법관의 결정이 경찰조치의 근거가 소멸된 이후에야 비로소 행해질 것이라는 점이 인정될 수 있는 경우에는 법관의 결정을 요하지 않는다.

② 제1항에 따른 결정권한은 그 사람을 구금한 지역을 관할하는 지방법원 지원이 갖는다. 절차는 자유박탈에 있어서의 사법절차에 관한 법률의 규정에 따라 행해진다.

제15조(구금된 자에 대한 조치) ① 제9조 제2항 제3문, 제11조 제3항 혹은 제13조에 근거하여 사람을 구금한 경우에는 지체없이 그 이유를 고지하여야 한다.

② 그에 의하여 자유박탈의 목적이 위험을 받지 않는 한 구금된 자에게는 그의 친족이나 친지에게 알릴 기회를 부여하여야 한다. 사법적 자유박탈의 경우에도 고지의무는 영향을 받지 않는다. 구금된 자가 제1항에 정한 권리를 행사할 수 없고 고지가 그의 추정적 의사에 반하지 않는 경우에는 경찰이 고지의무를 승계한다. 구금된 자가 미성년자, 금치산자, 피후견자인 경우에는, 모든 경우에 그에 대한 보호의무자에게 고지하여야 한다.

③ 구금된 자는 그의 동의없이 수형자 혹은 미결구금자와 동일한 공간에 수용되어서는 아니 된다. 남자와 여자는 분리수용되어야 한다. 구금자에게는 자유박탈의 목적 혹은 보호질서를 위하여 요구되는 한도에서 제한이 부과될 수 있다.

제16조(자유박탈의 기간) 다음 각 호의 경우 구금된 자는 석방되어야 한다.

1. 경찰의 보호조치의 근거가 소멸한 경우

2. 계속적인 자유박탈이 법관의 결정에 의하여 허용되지 않는 것으로 판명된 경우

3. 어떠한 경우에도 법관이 다른 법률에 근거하여 그의 계속을 사전에 명하지 않는 한 늦어도 다음 날 자정까지는.

---

9. 제9조(경찰장비의 사용 등)　　　　　　　　　　　　[김연태]

현 경찰관 직무집행법	개정권고안
제10조(경찰장비의 사용 등) ① 경찰관은 직무수행 중 경찰장비를 사용할 수 있다. 다만, 사람의 생명이나 신체에 위해를 끼칠 수 있는 경찰장비(이하 이 조에서 "위해성 경찰장비"라 한다)를 사용할 때에는 필요한 안전교육과 안전검사를 받은 후 사용하여야 한다.	제9조(경찰장비의 사용 등) ① 경찰관은 직무수행 중 경찰장비를 사용할 수 있다. 다만, 위해성 경찰장비를 사용할 때에는 필요한 안전교육과 안전검사를 받은 후 사용하여야 한다.
② 제1항 본문에서 "경찰장비"란 무기, 경찰장구(警察裝具), 최루제(催淚劑)와 그 발사장치, 살수차, 감식기구(鑑識機具), 해안 감시기구, 통신기기, 차량·선박·항공기 등 경찰이 직무를 수행할 때 필요한 장치와 기구를 말한다.	② 제1항 본문에서 '경찰장비'란 무기, 경찰장구(警察裝具), 최루제(催淚劑)와 그 발사장치, 살수차, 감식기구(鑑識機具), 해안 감시기구, 통신기기, 차량·선박·항공기 등 경찰이 직무를 수행할 때 필요한 장치와 기구를 말한다.
③ 경찰관은 경찰장비를 함부로 개조하거나 경찰장비에 임의의 장비를 부착하여 일반적인 사용법과 달리 사용함으로써 다른 사람의 생명·신체에 위해를 끼쳐서는 아니 된다.	③ 제1항 단서에서 '위해성 경찰장비'란 무기, 경찰장구, 최루제와 그 발사장치, 살수차 등 사람의 생명이나 신체에 위해를 끼칠 수 있는 경찰장비를 말한다.
④ 위해성 경찰장비는 필요한 최소한도에서 사용하여야 한다.	④ 경찰관은 경찰장비를 함부로 개조하거나 경찰장비에 임의의 장비를 부착하여 일반적인 사용법과 달리 사용함으로써 다른 사람의 생명·신체에 위해를 끼쳐서는 아니 된다.
⑤ 경찰청장은 위해성 경찰장비를 새로 도입하려는 경우에는 대통령령으로 정하는 바에 따라 안전성 검사를 실시하여 그 안전성 검사의 결과보고서를 국회 소관 상임위원회에 제출하여야 한다. 이 경우 안전성 검사에는 외부 전문가를 참여시켜야 한다.	⑤ 위해성 경찰장비는 필요한 최소한도에서 사용하여야 한다.
⑥ 위해성 경찰장비의 종류 및 그 사용기준, 안전교육·안전검사의 기준 등은 대통령령으로 정한다.	⑥ 경찰청장은 위해성 경찰장비를 새로 도입하려는 경우에는 대통령령으로 정하는 바에 따라 안전성 검사를 실시하여 그 안전성 검사의 결과보고서를 국회 소관 상임위원회에 제출하여야 한다. 이 경우 안전성 검사에는 외부 전문가를 참여시켜야 한다.
제10조의2(경찰장구의 사용) ① 경찰관은 다음 각 호의 직무를 수행하기 위하여 필요하다고 인정되는 상당한 이유가 있을 때에는 그 사태를 합리적으로 판단하여 필요한 한도에서 경찰장구를 사용할 수 있다.	⑦ 위해성 경찰장비의 종류 및 그 사용기준, 안전교육·안전검사의 기준 등은 대통령령으로 정한다.
1. 현행범이나 사형·무기 또는 장기 3년 이상의 징역이나 금고에 해당하는 죄를 범한 범인의 체포 또는 도주 방지	제9조의2(경찰장구의 사용) ① 경찰관은 다음 각 호의 직무를 수행하기 위하여 필요하다고 인정되는 상당한 이유가 있을 때에는 그 사태를 합리적으로 판단하여 필요한 한도에서 경찰장구를 사용할 수 있다.
	1. 현행범이나 사형·무기 또는 장기 3년 이상의 징역이나 금고에 해당하는 죄를 범한

2. 자신이나 다른 사람의 생명·신체의 방어 및 보호
3. 공무집행에 대한 항거(抗拒) 제지

② 제1항에서 "경찰장구"란 경찰관이 휴대하여 범인 검거와 범죄 진압 등의 직무 수행에 사용하는 수갑, 포승(捕繩), 경찰봉, 방패 등을 말한다.

제10조의3(분사기 등의 사용) 경찰관은 다음 각 호의 직무를 수행하기 위하여 부득이한 경우에는 현장책임자가 판단하여 필요한 최소한의 범위에서 분사기(「총포·도검·화약류 등의 안전관리에 관한 법률」에 따른 분사기를 말하며, 그에 사용하는 최루 등의 작용제를 포함한다. 이하 같다) 또는 최루탄을 사용할 수 있다.
1. 범인의 체포 또는 범인의 도주 방지
2. 불법집회·시위로 인한 자신이나 다른 사람의 생명·신체와 재산 및 공공시설 안전에 대한 현저한 위해의 발생 억제

제10조의4(무기의 사용) ① 경찰관은 범인의 체포, 범인의 도주 방지, 자신이나 다른 사람의 생명·신체의 방어 및 보호, 공무집행에 대한 항거의 제지를 위하여 필요하다고 인정되는 상당한 이유가 있을 때에는 그 사태를 합리적으로 판단하여 필요한 한도에서 무기를 사용할 수 있다. 다만, 다음 각 호의 어느 하나에 해당할 때를 제외하고는 사람에게 위해를 끼쳐서는 아니 된다.
1. 「형법」에 규정된 정당방위와 긴급피난에 해당할 때
2. 다음 각 목의 어느 하나에 해당하는 때에 그 행위를 방지하거나 그 행위자를 체포하기 위하여 무기를 사용하지 아니하고는 다른 수단이 없다고 인정되는 상당한 이유가 있을 때
   가. 사형·무기 또는 장기 3년 이상의 징역이나 금고에 해당하는 죄를 범하거나 범하였다고 의심할 만한 충분한 이유가 있는 사람이 경찰관의 직무집행에 항거하거나 도주하려고 할 때
   나. 체포·구속영장과 압수·수색영장을 집행

범인의 체포 또는 도주 방지
2. 자신이나 다른 사람의 생명·신체의 방어 및 보호
3. 공무집행에 대한 항거(抗拒) 제지

② 제1항에서 '경찰장구'란 경찰관이 휴대하여 범인 검거와 범죄 진압 등의 직무 수행에 사용하는 수갑, 포승(捕繩), 경찰봉, 전자충격기, 방패 등을 말한다.

제9조의3(분사기 등의 사용) 경찰관은 다음 각 호의 직무를 수행하기 위하여 부득이한 경우에는 현장책임자가 판단하여 필요한 최소한의 범위에서 분사기(「총포·도검·화약류 등의 안전관리에 관한 법률」에 따른 분사기를 말하며, 그에 사용하는 최루 등의 작용제를 포함한다. 이하 같다) 또는 최루탄을 사용할 수 있다.
1. 범인의 체포 또는 범인의 도주 방지
2. 자신이나 다른 사람의 생명·신체와 재산 및 공공시설 안전에 대한 현저한 위해의 발생 억제

제9조의4(무기의 사용) ① 경찰관은 범인의 체포, 범인의 도주 방지, 자신이나 다른 사람의 생명·신체의 방어 및 보호, 공무집행에 대한 항거의 제지를 위하여 필요하다고 인정되는 상당한 이유가 있을 때에는 그 사태를 합리적으로 판단하여 필요한 한도에서 무기를 사용할 수 있다. 다만, 다음 각 호의 어느 하나에 해당할 때를 제외하고는 사람에게 위해를 끼쳐서는 아니 된다.
1. 「형법」에 규정된 정당방위와 긴급피난에 해당할 때
2. 다음 각 목의 어느 하나에 해당하는 때에 그 행위를 방지하거나 그 행위자를 체포하기 위하여 무기를 사용하지 아니하고는 다른 수단이 없다고 인정되는 상당한 이유가 있을 때
   가. 사형·무기 또는 장기 3년 이상의 징역이나 금고에 해당하는 죄를 범하거나 범하였다고 의심할 만한 충분한 이유가 있는 사람이 경찰관의 직무집행에 항거

하는 과정에서 경찰관의 직무집행에 항
거하거나 도주하려고 할 때

다. 제3자가 가목 또는 나목에 해당하는 사람
을 도주시키려고 경찰관에게 항거할 때

라. 범인이나 소요를 일으킨 사람이 무기·
흉기 등 위험한 물건을 지니고 경찰관
으로부터 3회 이상 물건을 버리라는 명
령이나 항복하라는 명령을 받고도 따르
지 아니하면서 계속 항거할 때

3. 대간첩 작전 수행 과정에서 무장간첩이 항
복하라는 경찰관의 명령을 받고도 따르지
아니할 때

② 제1항에서 "무기"란 사람의 생명이나 신체에
위해를 끼칠 수 있도록 제작된 권총·소총·도검
등을 말한다.

③ 대간첩·대테러 작전 등 국가안전에 관련되는
작전을 수행할 때에는 개인화기(個人火器) 외에
공용화기(共用火器)를 사용할 수 있다.

제11조(사용기록의 보관) 제10조 제2항에 따른
살수차, 제10조의3에 따른 분사기, 최루탄 또는
제10조의4에 따른 무기를 사용하는 경우 그 책
임자는 사용 일시·장소·대상, 현장책임자, 종류,
수량 등을 기록하여 보관하여야 한다.

하거나 도주하려고 할 때

나. 체포·구속영장과 압수·수색영장을 집행
하는 과정에서 경찰관의 직무집행에 항
거하거나 도주하려고 할 때

다. 제3자가 가목 또는 나목에 해당하는 사람
을 도주시키려고 경찰관에게 항거할 때

라. 범인이나 소요를 일으킨 사람이 무기·
흉기 등 위험한 물건을 지니고 경찰관
으로부터 3회 이상 물건을 버리라는 명
령이나 항복하라는 명령을 받고도 따르
지 아니하면서 계속 항거할 때

3. 대간첩 작전 수행 과정에서 무장간첩이 항
복하라는 경찰관의 명령을 받고도 따르지
아니할 때

② 제1항에서 "무기"란 사람의 생명이나 신체에
위해를 끼칠 수 있도록 제작된 권총·소총·도검
등을 말한다.

③ 대간첩·대테러 작전 등 국가안전에 관련되는
작전을 수행할 때에는 개인화기(個人火器) 외에
공용화기(共用火器)를 사용할 수 있다.

제9조의5(사용기록의 보관) 제9조 제2항에 따른
살수차, 제9조의3에 따른 분사기, 최루탄 또는
제9조의4에 따른 무기를 사용하는 경우 그 책임
자는 사용 일시·장소·대상, 현장책임자, 종류,
수량 등을 기록하여 보관하여야 한다.

1) 개정권고안 검토 사항

경찰이 직무수행을 위하여 사용하는 경찰장비에 대하여 경찰관 직무집행법은 제
10조(경찰장비의 사용 등), 제10조의2(경찰장구의 사용), 제10조의3(분사기 등의 사용), 제
10조의4(무기의 사용), 제11조(사용기록의 보관)의 규정을 두고 있다. 각 조항에서는 우
선 경찰장비의 개념 정의와 종류에 대하여 규정하고 있는데, 그 규정 내용에 대한 검
토가 필요하다. 특히 경찰관 직무집행법에서 열거하고 있는 경찰장비의 종류에 대하
여 보완이 필요한지 살펴보아야 한다. 생명·신체에 대한 중대한 침해를 가져올 수
있는 경찰장비는 법률유보원칙상 법에서 직접 규정하는 것이 필요하다. 하위 명령이

나 행정규칙에서 그 범위를 확대하는 것은 법률유보원칙에 위배될 수 있다.

경찰장비의 사용은 경찰목적 달성을 위한 필요성과 현실적 적용상의 어려움, 그리고 그로 인한 피해발생 가능성 때문에 그 사용요건과 한계에 대하여 법에서 구체적이며 명확한 기준을 제시하여야 한다. 이러한 점에서 현행 경찰관 직무집행법상 경찰장비 사용요건과 한계에 관한 규정의 적정성과 명확성 등에 대하여 검토가 필요하다.

살수차 등 기타장비의 사용요건에 대하여 경찰관 직무집행법에서는 아무런 규정을 두고 있지 않고, 대통령령에 위임하고 있는 것이 법률유보원칙에 위배되는 것은 아닌지 문제된다. 경찰장구, 분사기 등의 사용요건에 대하여 관련 규정과의 비교 등을 통해서 개정의 필요성이 있는지 검토하여야 한다. 무기사용의 요건에 관하여는 위해를 수반하는 무기사용의 대상범죄가 포괄적이며 불명확하다는 문제와, 무기·흉기 등 위험한 물건을 소지한 경우 항상 3회 이상의 투기명령 또는 투항명령이 필요한 것인지 등에 대하여 논의가 필요하다.

마지막으로 경찰관 직무집행법은 '필요하다고 인정되는 상당한 이유'가 있을 때 (위해를 수반하지 않는 무기사용의 경우), '무기를 사용하지 아니하고는 다른 수단이 없다고 인정되는 상당한 이유'가 있을 때(위해를 수반하는 무기사용의 경우: 정당방위, 긴급피난, 대간첩작전의 수행을 위한 때는 제외)에 무기를 사용할 수 있다고 규정하고, 또한 무기사용이 허용되는 경우에도 "그 사태를 합리적으로 판단하여 필요한 한도에서 무기를 사용할 수 있다."고 규정하여, 무기사용에 있어서의 비례의 원칙을 구체화하고 있다.[112] 이 규정에 대하여 동어 반복적이며 명확하지 않다는 문제 제기가 있다.[113]

2) 개정권고안 내용
(1) 경찰장비의 개념 정의 및 종류
① 관련 법 규정

경찰관 직무집행법은 제10조 제2항에서 경찰장비를 "경찰이 직무를 수행할 때 필요한 장치와 기구"로 정의하고, 무기, 경찰장구(警察裝具), 최루제(催淚劑)와 그 발사

---

112 경찰조치에 비례의 원칙이 적용되어야 함은 명문의 규정이 없더라도 헌법상의 법치국가원리에서 직접 도출될 수 있다고 보는 것이 일반적인데, 경찰관 직무집행법은 제1조 제2항에서 경찰관의 직무수행에서 준수하여야 할 원칙으로 규정하면서 무기사용의 경우 이를 재차 강조하고 있다.
113 이동권, 경찰무기론, 2013, 262쪽 참조.

장치, 살수차, 감식기구(鑑識機具), 해안 감시기구, 통신기기, 차량·선박·항공기 등을 열거하고 있다.

경찰관 직무집행법 제10조 제1항에서는 사람의 생명이나 신체에 위해를 끼칠 수 있는 경찰장비를 '위해성 경찰장비'라 하여, 그 밖의 경찰장비 보다 엄격한 요건 하에 사용하고 관리하도록 하고 있다. 그리고 같은 조 제6항에서 위해성 경찰장비의 종류 및 그 사용기준, 안전교육·안전검사의 기준 등은 대통령령으로 정하도록 위임하고 있다.

경찰관 직무집행법 위임에 따라 제정된 「위해성 경찰장비의 사용기준 등에 관한 규정」(이하 '위해성 경찰장비규정'이라 한다) 제2조에서는 위해성 경찰장비의 종류를 다음과 같이 구분하여 열거하고 있다.

- ○ (경찰장구) 수갑·포승(捕繩)·호송용포승·경찰봉·호신용경봉·전자충격기·방패 및 전자방패
- ○ (무기) 권총·소총·기관총(기관단총을 포함한다)·산탄총·유탄발사기·박격포·3인치포·함포·크레모아·수류탄·폭약류 및 도검
- ○ (분사기·최루탄등) 근접분사기·가스분사기·가스발사총(고무탄 발사겸용을 포함한다) 및 최루탄(그 발사장치를 포함한다)
- ○ (기타장비) 가스차·살수차·특수진압차·물포·석궁·다목적발사기 및 도주차량차단장비

② 위해성 경찰장비의 종류

경찰관 직무집행법에서는 위해성 경찰장비의 개념 정의만 규정하고, 위해성 경찰장비의 종류에 대하여는 전적으로 「위해성 경찰장비규정」에서 규정하고 있는데, 사람의 생명이나 신체에 위해를 끼칠 수 있는 장비인 위해성 경찰장비의 종류는 적어도 그 대강에 대하여 경찰관 직무집행법에서 직접 규정하는 것이 바람직하다고 생각한다. 즉, 개정 경찰관 직무집행법 제9조 제3항에 "'위해성 경찰장비'란 무기, 경찰장구, 최루제와 그 발사장치, 살수차 등 사람의 생명이나 신체에 위해를 끼칠 수 있는 경찰장비를 말한다."는 규정을 삽입하는 것이 필요하다.

③ 경찰장구의 종류

경찰관 직무집행법에 열거되지 않은 경찰장비를 새로이 도입하고 사용하는 것도 가능하도록 할 필요가 있으므로, 경찰관 직무집행법에서 모든 경찰장비를 한정적으로 열거하는 것은 문제가 있다. 현행법처럼 대표적인 경찰장비를 예시적으로 열거하고, 상세한 내용을 대통령령에서 규정하는 것은 불가피하다고 생각한다. 그럼에도 생명·신체에 대한 중대한 침해를 가져올 수 있는 경찰장비의 종류는 법률유보원칙상 법에서 명시적으로 그 사용 근거를 마련할 필요가 있다.

이러한 점에서 추가적으로 경찰관 직무집행법에 규정해야 할 경찰장비가 있는지, 특히 경찰관 직무집행법상의 경찰장구의 종류에 '전자충격기'를 추가할 필요가 있는지가 문제된다.[114]

경찰관 직무집행법 제10조의2 제2항은 "제1항에서 '경찰장구'란 경찰관이 휴대하여 범인 검거와 범죄 진압 등의 직무 수행에 사용하는 수갑, 포승(捕繩), 경찰봉, 방패 등을 말한다."고 규정하고 있고, 「위해성 경찰장비규정」 제2조는 제1호에서 경찰장구에 해당하는 것으로 '수갑·포승(捕繩)·호송용포승·경찰봉·호신용경봉·전자충격기·방패 및 전자방패'를 열거하고 있다.

전자충격기는 경찰관 직무집행법에는 열거되어 있지 않고, 「위해성 경찰장비규정」에서 규정하고 있는데, 사람의 활동을 일시적으로 곤란하게 하거나 인명(人命)에 위해(危害)를 주는 전류를 방류할 수 있는 기기로서 총기류의 대안으로 사용되며, 그 사용의 위해성이 커서 생명·신체에 대한 중대한 침해를 가져올 수 있는 전자충격기는 그 사용의 근거를 법에서 명시적으로 규정할 필요가 있다고 생각한다.

④ 분사기 등의 개념 정의

경찰관 직무집행법 제10조의3에는 분사기의 개념 정의에 대하여 직접 규정하고 있지 않고, 「총포·도검·화약류 등의 안전관리에 관한 법률」에 따른 분사기를 말한다고 하여, 분사기의 개념에 대하여 「총포·도검·화약류 등의 안전관리에 관한 법률」에 따르도록 하고 있다.

참고로 「총포·도검·화약류 등의 안전관리에 관한 법률」 제2조 제4항은 "이 법에서 '분사기'란 사람의 활동을 일시적으로 곤란하게 하는 최루(催淚) 또는 질식 등을

---

114 서정범, 경찰관 직무집행법 개정방향에 관한 연구, 치안연구소, 2003, 68쪽 참조.

유발하는 작용제를 분사할 수 있는 기기로서 대통령령으로 정하는 것을 말한다."고 규정하고 있다.

경찰관 직무집행법 제10조의3에 "'분사기 등'이란 사람의 활동을 일시적으로 곤란하게 하는 최루(催淚) 또는 질식 등을 유발하는 작용제를 분사할 수 있는 기기(그에 사용하는 최루 등의 작용제를 포함한다)와 및 최루탄(그 발사장치를 포함한다)을 말한다."는 분사기 등의 개념정의 규정을 직접 둘 필요가 있는지 문제된다.

「총포·도검·화약류 등의 안전관리에 관한 법률 시행령」은 제6조의2에서 법 제2조 제4항의 위임에 따라 구체적인 분사기의 종류에 대하여 규정하고 있는데, 경찰관 직무집행법의 적용을 위하여 구체적인 분사기의 종류에 대한 규정도 필요하므로, 현행 경찰관 직무집행법의 규정에서 분사기의 개념 정의를 「총포·도검·화약류 등의 안전관리에 관한 법률」에 따르도록 한 것은 입법기술상 문제될 것이 없다고 생각한다.

⑤ 무기의 종류

경찰관 직무집행법은 무기의 종류에 대하여 제10조의4 제2항은 "'무기'란 사람의 생명이나 신체에 위해를 끼칠 수 있도록 제작된 권총·소총·도검 등을 말한다."고 규정하고, 제10조의4 제3항에서는 "대간첩·대테러 작전 등 국가안전에 관련되는 작전을 수행할 때에는 개인화기(個人火器) 외에 공용화기(共用火器)를 사용할 수 있다."고 규정하고 있다.

「위해성 경찰장비규정」 제2조는 무기의 종류로 '권총·소총·기관총(기관단총을 포함한다)·산탄총·유탄발사기·박격포·3인치포·함포·크레모아·수류탄·폭약류 및 도검'을 열거하고 있고, 「경찰장비관리규칙」(경찰청 훈령) 제113조에서는 '개인화기를 권총·소총(자동소총 및 기관단총을 포함한다) 등 개인이 운용하는 장비'로, '공용화기는 유탄발사기·중기관총·박격포·저격총·산탄총·로프발사총·다목적발사기(고폭탄을 사용하는 경우), 물발사분쇄기, 석궁 등 부대단위로 운용되는 장비'로 규정하고 있다.

이와 같이 경찰관 직무집행법에서는 대간첩·대테러작전 등 국가안전에 관련되는 작전을 수행할 경우에 개인화기 이외에 공용화기를 사용할 수 있다고 규정하면서, 공용화기의 종류 등에 대하여 아무런 규정을 두고 있지 않다. 다만, 「경찰장비관리규칙」에서 권총·소총(자동소총 및 기관단총을 포함) 등을 개인화기로, 유탄발사기·중기관총·박격포 등 부대장비를 공용화기로 규정하고 있을 뿐이다.

생각건대, 사람의 생명을 박탈하거나 중대한 신체상의 침해를 가져올 수 있는 무기는 법에서 명시적으로 규정하는 것이 필요하다고 생각한다.[115] 다만, 경찰의 통상적인 직무집행이 아닌, 대간첩·대테러작전 등 특수한 상황에서만 사용하는 공용화기에 대하여 그 사용의 근거만을 경찰관 직무집행법에서 규정하고, 그 종류 및 사용요건 등은 하위 규정에서 규정하는 것이 문제되지는 않는다고 생각한다.

(2) 경찰장비의 사용요건과 한계

① 살수차 등 기타장비의 사용요건

「위해성 경찰장비규정」에서는 위해성 경찰장비의 종류로 경찰장구, 무기, 분사기·최루탄 등, 기타장비로 나누어 규정하고 있는데, 경찰관 직무집행법에서는 경찰장구(제10조의2). 무기(제10조의4), 분사기 등(제10조의3)의 사용요건에 대하여 규정하고 있을 뿐, 살수차 등의 기타장비에 대하여는 사용요건을 별도로 규정하고 있지 않다. 경찰관 직무집행법 제10조 제6항에서 위해성 경찰장비의 사용기준을 대통령령으로 정하도록 위임하고 있고, 「위해성 경찰장비규정」에서 기타장비의 사용요건과 한계를 규정하고 있다(제13조 내지 제16조). 구체적인 사용기준은 경찰청훈령인 「경찰장비관리규칙」과 내부지침인 「살수차 운용지침」에 규정되어 있다.

이와 같이 경찰관 직무집행법에서 살수차 등 기타장비의 사용요건에 대하여 아무런 규정을 두지 않고, 대통령령에 위임하고 있는 것이 법률유보의 원칙에 위배되는 것인지 여부가 문제된다.[116]

살수차란 기동장비 중 특수용 차량으로써 군중의 해산을 목적으로 고압의 물줄기를 분사하는 장비를 말한다.[117] 2014년 5월 20일 개정된 경찰관 직무집행법은 제10조 제2항에서 '살수차'를 경찰장비의 하나로 명시하고, 제4항에 "위해성 경찰장비는 필요한 최소한도에서 사용하여야 한다."는 규정을 추가하였다. 이로써 법률유보원칙의 문제가 해소된 것인지에 대하여 살펴보기로 한다.

헌법재판소는 최루액을 물에 혼합한 용액을 살수차를 이용하여 청구인들에게 살

---

115 김연태, 경찰관의 무기사용의 요건과 한계에 관한 법적 쟁점, 인권과 정의, 제335호, 2004, 56쪽.
116 이에 대하여는 서정범, 경찰관 직무집행법 개정방향에 관한 연구, 치안연구소, 2003, 67쪽; 이동희/손재영/김재운, 경찰과 법, 경찰대학 출판부, 2015, 213쪽 이하 참조.
117 「경찰장비관리규칙」 제88조 참고.

수한 행위가 법률유보원칙에 위배되어 청구인들의 신체의 자유와 집회의 자유를 침해하는지 여부가 문제된 사건에서 다음과 같이 판시하고 있다.[118]

"집회나 시위 해산을 위한 살수차 사용은 집회의 자유 및 신체의 자유에 대한 중대한 제한을 초래하므로 살수차 사용요건이나 기준은 법률에 근거를 두어야 한다.

'경찰관 직무집행법'은 경찰장비 중 경찰장구, 무기, 분사기 등의 사용요건을 직접 규정하고 있다(법 제10조의2 내지 제10조의4). 그러나 살수차에 대하여는 경찰장비의 하나로 규정하고 있을 뿐(제10조 제2항) 구체적 사용요건이나 방법에 대해서는 별도의 규정을 두고 있지 않다. '위해성 경찰장비의 사용기준 등에 관한 규정'(다음부터 '이 사건 대통령령'이라 한다)에서 '불법집회·시위로 인해 발생할 수 있는 생명·신체의 위해와 재산·공공시설의 위험을 억제하기 위해 부득이한 경우 현장책임자의 판단에 의하여 최소한의 범위 안에서' 사용할 수 있다고 규정하고 있을 뿐이다(제13조 제1항).

위해성 경찰장비 사용의 위험성과 기본권 보호 필요성에 비추어 볼 때, '경찰관 직무집행법'과 이 사건 대통령령에 규정된 위해성 경찰장비의 사용방법은 법률유보원칙에 따라 엄격하게 제한적으로 해석하여야 한다. 위해성 경찰장비는 본래의 사용방법에 따라 지정된 용도로 사용되어야 하며 다른 용도나 방법으로 사용하기 위해서는 반드시 법령에 근거가 있어야 한다.

살수차는 국민의 생명과 신체에 심각한 위험을 초래할 수 있고 실제로 집회 참가자의 사망사고를 일으키고 있는 경찰장비다. 살수차의 구체적 운용방법과 절차 등에 관한 기본적 사항은 법률이나 대통령령에 규정하여 살수차 운용을 엄격하게 제한함으로써 국민의 생명과 안전을 도모하여야 한다.

국민의 기본권과 관련 있는 중요한 법규적 사항은 최소한 법률의 구체적 위임을 받은 법규명령에 규정되어야 한다. 그럼에도 불구하고 '경찰관 직무집행법'이나 이 사건 대통령령 등 법령의 구체적 위임 없이 국민의 생명과 신체에 심각한 위험을 초래할 수 있는 살수차를 이용한 혼합살수 방식을 규정하고 있는 이 사건 지침은 법률유보원칙에 위배된다."

위 결정에서 헌법재판소는 '기타장비'인 살수차와 '분사기·최루탄 등'인 최루제를 혼합 사용하는 방법의 최루액 혼합살수는 「살수차 운용지침」에만 근거를 두고 있

118 헌법재판소 2018. 5. 31. 2015헌마476 결정.

을 뿐, 이 지침에 혼합살수의 근거 규정을 둘 수 있도록 위임하고 있는 법령이 없으므로, 법률유보원칙에 위배되어 청구인들의 신체의 자유와 집회의 자유를 침해한다고 하고 있을 뿐, 살수차 사용요건에 대하여 경찰관 직무집행법에서 별도의 규정을 두고 있지 않고 「위해성 경찰장비규정」에서 규정하고 있는 것이 법률유보원칙에 위배된다고 보지는 않는 것으로 판단된다.

생각건대, 살수차는 사용방법 등에 따라 국민의 생명이나 신체에 중대한 위해를 가할 수 있는 경찰장비이므로, 법률유보원칙상 사용 근거와 기준 등 중요한 사항은 법률 자체에서 직접 규정되어야 한다. 경찰관 직무집행법은 제10조 제2항에서 '살수차'를 경찰장비의 하나로 명시하여 사용의 법적 근거를 마련하고 있으며, 같은 조 제4항에 "위해성 경찰장비는 필요한 최소한도에서 사용하여야 한다."고 규정하여 사용기준에 대하여 일반적인 내용만을 두고, 자세한 사용기준에 대하여는 같은 조 제6호에서 대통령령으로 정하도록 위임하고 있다. 이러한 위임규정에 따라 제정된 「위해성 경찰장비규정」은 제13조 제1항에서 "경찰관은 불법집회·시위 또는 소요사태로 인하여 발생할 수 있는 타인 또는 경찰관의 생명·신체의 위해와 재산·공공시설의 위험을 억제하기 위하여 부득이한 경우에는 현장책임자의 판단에 의하여 필요한 최소한의 범위 안에서 살수차를 사용할 수 있다."는 규정을 두어 사용의 요건과 한계를 명시하고 있을 뿐, 구체적인 살수차의 사용기준에 대하여는 경찰청훈령과 같은 내부지침에서 규정하고 있다.

헌법재판소가 살수차의 사용 근거와 기준에 대한 현행 경찰관 직무집행법과 「위해성 경찰장비규정」상의 규정이 법률유보원칙에 위배되는 것은 아니라고 보고 있으므로, 법 개정이 필요하지는 않다고 판단된다. 그래서 개정권고안에서는 현행 규정을 그대로 두기로 하였다. 다만, 구체적인 사용기준에 대하여 전적으로 내부지침에서 규정하고 있는 것은 문제라고 할 수 있다. 적어도 중요한 사용기준에 대하여는 「위해성 경찰장비규정」에서 규정하는 것이 바람직하다고 생각한다.

② 경찰장구의 사용요건

현행법상 범인의 체포·도주의 방지를 위한 경찰장구의 사용은 현행범이나 사형·무기 또는 장기 3년 이상의 징역이나 금고에 해당하는 죄를 범한 범인에 대하여만 허용된다. 경찰장구의 사용요건을 현행법과 같이 3년 이상의 징역 또는 금고에 해당하는 죄를 범한 범인으로 제한할 것인지, 아니면 법정형에 의한 제한을 삭제하고 모든 범인의 체포·도주의 방지를 위하여 경찰장구를 사용할 수 있다는 취지로 개정할 것인지를 살펴보기로 한다.

현행범이나 현행범으로 간주되는 준현행범의 경우에는 장기 3년 미만의 징역이나 금고에 해당하는 범죄의 피의자라 할지라도 경찰장구를 사용할 수 있다.

법정형이 3년 이하인 범죄의 예로는 공연음란죄(형법 제245조: 1년 이하의 징역, 500만원 이하의 벌금, 구류 또는 과료), 도박죄(형법 제246조 제1항: 1천만원 이하의 벌금) 등을 들 수 있다. 이러한 범죄의 경우 도주의 방지(도주의 방지란 법적으로 체포·구속되어 있는 자가 도망하려는 것을 방지하는 것을 말함)를 위하여 경찰장구의 사용이 필요한 경우는 없는지 문제된다.

경찰장구 중 인신구속의 수단이 아닌 상대방을 물리적으로 제압하기 위한 수단(예컨대 경찰봉 등)의 경우에는 무기보다 완화된 실력행사의 수단으로 사용하는 것이므로, 현행범인 이외의 범인의 체포·도주의 방지를 위한 경찰장구의 사용을 사형·무기 또는 장기 3년 이상의 징역이나 금고에 해당하는 죄를 범한 범인에 한정하는 것은 위해를 수반하지 않는 무기사용에 있어서 범인을 중범죄인에 한정하지 않는 것과 비교해 볼 때 균형이 맞지 않는다. 한편, 분사기 등의 사용에 대하여 경찰관 직무집행법 제10조의3에서는 모든 범인의 체포 또는 도주 방지를 위하여 분사기 등을 사용할 수 있다고 하여 경찰장구의 경우보다 사용대상을 넓게 규정하고 있다. 이러한 점에서 모든 범인의 체포 또는 범인의 도주 방지를 위하여 사용할 수 있도록 경찰관 직무집행법상 경찰장구의 사용 요건을 완화하는 것을 고려할 수 있다.

그런데 「위해성 경찰장비규정」에 경찰장구에 해당하는 것으로 규정된 전자충격기의 경우, 그 사용의 위해성과 총기류의 대안으로 사용되는 점으로 고려하여 무기에 상응하는 기준을 요구해야 하는 것이 아닌지 문제된다. 무기에 상응하는 요건이 필요하다면, 위의 '3년 이상의 징역 또는 금고에 해당하는 죄'를 요구하는 경찰장구 사용요건을 그대로 유지해야 할 것이다.

위에서 전자충격기가 경찰장비에 해당함을 경찰관 직무집행법에 명시적으로 규정할 것을 제안하였는바, 전자충격기가 포함된 경찰장구의 사용요건을 현행 규정보다 완화하여 규정하는 것은 바람직하지 않다고 생각한다.

③ 분사기 등의 사용요건

㉠ 관련 법 규정

경찰관 직무집행법은 분사기 등의 사용에 대하여 제10조의3에서 다음과 같이 규정하고 있다: "경찰관은 다음 각 호의 직무를 수행하기 위하여 부득이한 경우에는 현장책임자가 판단하여 필요한 최소한의 범위에서 분사기(「총포·도검·화약류 등의 안전관리에 관한 법률」에 따른 분사기를 말하며, 그에 사용하는 최루 등의 작용제를 포함한다. 이하 같다) 또는 최루탄을 사용할 수 있다. 1. 범인의 체포 또는 범인의 도주 방지, 2. 불법집회·시위로 인한 자신이나 다른 사람의 생명·신체와 재산 및 공공시설 안전에 대한 현저한 위해의 발생 억제."

한편, 「위해성 경찰장비규정」은 제12조 제1항에서 가스발사총 등의 사용제한에 대하여 "경찰관은 범인의 체포 또는 도주방지, 타인 또는 경찰관의 생명·신체에 대한 방호, 공무집행에 대한 항거의 억제를 위하여 필요한 때에는 최소한의 범위 안에서 가스발사총을 사용할 수 있다. 이 경우 경찰관은 1미터 이내의 거리에서 상대방의 얼굴을 향하여 이를 발사하여서는 아니 된다."고 규정하고 있다.

㉡ 자신이나 다른 사람의 생명·신체의 방어 및 보호

현행 경찰관 직무집행법상의 규정에 의하면, 분사기 등은 자신이나 다른 사람의 생명·신체와 재산에 대한 현저한 위해의 발생 억제의 경우 불법집회·시위 상황에서만 사용할 수 있고, 그러한 상황이 아닌 일반적인 사람의 생명·신체의 방어 및 보호를 위해서는 사용할 수 없다. 그런데 「위해성 경찰장비규정」 제12조에서는 분사기 등에 해당하는 가스발사총의 경우, 일반적으로 타인 또는 경찰관의 생명·신체에 대한 방호를 위하여 사용할 수 있다고 규정하고 있어, 양 규정이 불일치하는 점이 있다.

생명·신체에 대한 방호를 위한 분사기 등의 사용을 불법집회·시위로 인한 경우로 한정해야 할 필요성이 있는지 의문이며, 무기를 대체하는 완화된 수단으로 사용할 수 있는 길을 열어놓기 위하여도 그 사용요건을 불법집회·시위로 인한 경우로 제한하는 것은 바람직하지 않다고 생각한다.[119]

㉢ 공무집행에 대한 항거 제지

경찰관 직무집행법상 경찰장구의 사용과 달리 분사기 등은 공무집행에 대한 항

---

119 이동희/손재영/김재운, 경찰과 법, 경찰대학 출판부, 2015, 225쪽 참조.

거 제지를 위해서 사용할 수 있다는 규정이 없다. 그에 비하여 「위해성 경찰장비규정」제12조에서는 공무집행에 대한 항거의 억제를 위하여 가스발사총(분사기 등에 해당함)을 사용할 수 있다고 규정하고 있다. 이러한 점에서 공무집행의 항거의 억제를 위하여 필요한 경우에 분사기 등을 사용할 수 있도록 허용하는 것을 고려해 볼 수 있다.

생각건대, 위에서 제안한 바와 같이 생명·신체에 대한 현저한 위해의 발생 억제를 위한 분사기 등의 사용을 불법집회·시위로 인한 경우로 한정하지 않고, 또한 법 제10조의3 제1호에서 범인의 체포 또는 범인의 도주 방지를 위하여 분사기 등을 사용할 수 있도록 규정하고 있으므로, 이에 더하여 공무집행의 대한 항거 제지를 분사기 등의 사용요건으로 추가할 필요성은 크지 않으리라 생각한다. 이 경우에 있어서 경찰관 직무집행법과 「위해성 경찰장비규정」 상호간의 불일치의 문제는 「위해성 경찰장비규정」의 개정을 통하여 해결할 것을 제안한다.

④ 무기사용의 요건

㉠ 대상범죄의 문제

경찰관 직무집행법 제10조의4는 '사형·무기 또는 장기 3년 이상의 징역이나 금고에 해당하는 죄를 범하거나 범하였다고 의심할 만한 충분한 이유가 있는 사람이 경찰관의 직무집행에 항거하거나 도주하려고 할 때' 사람에게 위해를 수반하는 무기사용을 할 수 있다고 규정하고 있다.

대상범죄는 형사소송법 제200조의3 긴급체포를 할 수 있는 경우와 같다. 이에 대하여 대상범죄는 지나치게 포괄적이며, 무기를 사용해야 하는 급박한 상황에서 경찰관이 사형·무기 또는 3년 이상의 징역이나 금고에 해당하는 범죄가 문제되는지를 명확하게 판단하는 것은 쉽지 않다는 문제점이 지적되어 왔다. 사기, 횡령, 배임 등의 재산죄의 범인도 위해를 수반하는 무기사용의 대상이 되는데, 그 범위를 사람의 생명·신체를 직접적으로 침해하거나, 침해할 우려가 있고 사람을 현저히 외포시키는 방법으로 행해지는 흉악 내지 강력범죄로 제한하고 구체화할 필요가 있다는 것이다. 즉, 무기를 사용해야 하는 급박한 상황에서 경찰관이 위해를 수반하는 무기사용이 허용되는 범죄가 문제되는지를 쉽게 판단할 수 있도록 대상범죄를 구체화할 것이 제안되었다.[120]

---

[120] 김연태, 경찰관의 무기사용의 요건과 한계에 관한 법적 쟁점, 인권과 정의, 제335호, 2004, 63쪽.

구체적으로 현행 경찰관 직무집행법 제10조의4 제1항 제2호 가목에서 '사형·무기 또는 장기 3년 이상의 징역이나 금고에 해당하는 죄'를 '사형·무기 또는 장기 3년 이상의 징역이나 금고에 해당하는 흉악한 죄'로 또는 '국가의 존립 자체를 위협하는 범죄, 총기 또는 폭발물의 사용이나 휴대를 수단으로 하는 범죄, 사람의 생명·신체를 침해하거나 침해할 우려가 있는 범죄'로 개정할 것이 고려될 수 있다.[121]

참고로 일본 경찰관 직무집행법 제7조에서는 '흉악한 죄'라는 표현을 사용하고 있으며, 「경찰관 권총·경봉등 사용 및 취급규범」 제2조 제3항에서 '흉악한 죄'를 열거하고 있는데, 대체로 내란·외환·소요 등 민심에 현저한 불안을 발생하게 하는 죄, 살인·상해 등 사람의 생명·신체를 직접적으로 침해하거나, 강간·강도·방화·야간주거침입절도·특수폭행 등 사람의 생명·신체를 침해할 우려가 있고 사람을 현저히 외포시키는 방법으로 행해지는 범죄가 포함되어 있다. 그러나 개정권고안 논의 과정에서 현행법상의 요건에서도 비례의 원칙 등 무기 사용의 한계로서 규제가 가능하여 그 남용의 우려는 없다는 견해가 다수이어서 "사형·무기 또는 장기 3년 이상의 징역이나 금고에 해당하는 죄"의 요건을 그대로 유지하기로 하였다.

ⓒ 3회 이상의 투기명령 또는 투항명령의 문제

범인 또는 소요행위자가 무기·흉기 등 위험한 물건을 소지하고 경찰관으로부터 3회 이상의 투기명령 또는 투항명령을 받고도 이에 불응하면서 계속 항거하여 이를 방지 또는 체포하기 위하여 무기를 사용하지 아니하고는 다른 수단이 없다고 인정되는 경우, 위해를 수반한 무기사용을 할 수 있다.

3회 이상의 투기명령에 있어서 '3회 이상'이란 3회 이상의 투기의 기회를 주는 것을 말하므로 시간적인 간격 없이 연속하여 투기할 것을 명령하는 것은 1회의 투기명령으로 보아야 한다.[122] 그런데 범인이나 소요행위자가 무기나 흉기를 투기하거나 투항하는데 항상 3회에 걸친 명령을 통하여 생각할 여유를 주어야 하는 것인지는 의문이 제기될 수 있다. 단지 3회에 걸친 명령을 하지 않았다는 이유로 국가의 배상책임을 인정한 사례가 있는바, 범인 등이 무기를 들고 항거하는 경우 당연히 급박한 상황일 것인데 투기명령을 일률적으로 횟수를 두어 3회 이상으로 한정할 필요는 없다

---

121 서정범, 경찰관 직무집행법 개정방향에 관한 연구, 치안연구소, 2003, 90쪽 참조.
122 장영민/박기석, 경찰관 직무집행법에 관한 연구, 한국형사정책연구원, 1995, 201쪽.

는 문제 제기가 있다.[123]

이 점에 대한 개정권고안 논의 과정에서 무기·흉기 등을 가지고 경찰관에 항거하는 경우, 위해를 수반하는 무기사용의 다른 요건에 해당하여 무기를 사용할 수 있는 경우가 많을 것이므로, 이 규정상의 3회 이상의 투기·투항명령의 요건을 완화해야 할 필요성이 크지 않다는 의견이 다수이어서 현행법 규정을 그대로 유지하기로 하였다.

ⓒ 무기사용의 한계

경찰관 직무집행법은 위해를 수반하지 않는 무기사용의 경우에는 '필요하다고 인정되는 상당한 이유'가 있을 때, 위해를 수반하는 무기사용의 경우(정당방위, 긴급피난, 대간첩작전의 수행을 위한 때를 제외)에는 '무기를 사용하지 아니하고는 다른 수단이 없다고 인정되는 상당한 이유'가 있을 때에 무기를 사용할 수 있다고 규정하고, 또한 무기사용이 허용되는 경우에도 그 사태를 합리적으로 판단하여 '필요한 한도 내'에서만 무기를 사용할 수 있다고 규정하여, 무기사용에 있어서의 법익침해의 위험성을 고려하여 비례의 원칙을 구체화하고 있다.[124]

경찰관 직무집행법 제10조의4는 일본의 경찰관 직무집행법 제7조와 마찬가지로 위해를 수반하는 무기사용에 대하여 무기사용이 최후의 수단임을 강조하고 있으나, 위해를 수반하지 않는 무기사용의 경우에는 '필요하다고 인정되는 상당한 이유'가 있을 때에 무기사용이 허용된다고 하여 완화된 표현을 사용하고 있다. 여기서 '필요하다'라는 것은 공무집행에 대한 항거 등의 정도, 태양으로 미루어 보아 강력한 수단인 무기를 사용하지 않으면 그 항거의 억제와 동시에 공무의 집행을 완수하지 못하는 상황을 의미한다. 위해를 수반하는 경우에 있어서의 '다른 수단이 없다'라는 문언과 다른 표현을 사용하고 있는 것으로 볼 때 무기사용이 유일한 수단일 것까지 요구하는 것은 아니라고 해석되고 있다.[125]

생각건대, 무기사용은 경찰의 개입수단 중 가장 강력한 수단으로서 필요성의 원

---

123 김연태, 경찰관의 무기사용의 요건과 한계에 관한 법적 쟁점, 인권과 정의, 제335호, 2004, 64쪽; 이동희/손재영/김재운, 경찰과 법, 경찰대학 출판부, 2015, 237쪽 참조.

124 김연태, 경찰관의 무기사용의 요건과 한계에 관한 법적 쟁점, 인권과 정의, 제335호, 2004, 64쪽 이하.

125 김연태, 경찰관의 무기사용의 요건과 한계에 관한 법적 쟁점, 인권과 정의, 제335호, 2004, 65쪽, 각주 34) 참조.

칙은 무기사용에 있어서 반드시 갖추어야 할 요건이므로, 이 원칙이 위해를 수반하지 않는 사용의 경우에도 준수되어야 함은 당연하다고 보아야 한다. 독일의 각 주의 경찰법에서는 총기는 다른 직접강제 수단이 효과가 없었거나 효과를 발휘할 수 없음이 명백한 경우에만 사용할 수 있다고 규정하여, 총기사용은 경찰의 개입수단 중 최후의 수단으로 고려됨을 명시하고 있다. 필요성의 원칙에 의하여 무기사용보다 완화된 수단으로 목적을 달성할 수 있는 가능성이 있다면 그 수단을 취해야 한다.[126]

'필요하다고 인정되는 상당한 이유가 있을 때'와 '그 사태를 합리적으로 판단하여 필요한 한도에서 무기를 사용할 수 있다'고 규정한 것이 비례원칙에 관한 판단을 반복적으로 서술한 것인지가 문제된다.[127]

생각건대, '필요하다고 인정되는 상당한 이유가 있을 때'는 무기사용의 요건을 규정한 것이고, '그 사태를 합리적으로 판단하여 필요한 한도'는 무기사용의 정도와 한계에 대하여 규정한 것이므로, 비례의 원칙에 대한 반복이라고 할 수 없다. 무기사용이 허용되는 경우에도 그 사태를 합리적으로 판단하여 필요한 한도 내에서만 가능하다. 경찰관은 범인의 체포·도주의 방지, 생명·신체에 대한 방호 및 항거의 억제를 위하여 '필요한 한도 내'에서만 무기를 사용할 수 있으므로, 그 필요한 정도를 넘어서 상대방의 생명·신체에 대한 침해를 발생케 하는 것은 원칙적으로 배제된다.

---

126 김연태, 경찰관의 무기사용의 요건과 한계에 관한 법적 쟁점, 인권과 정의, 제335호, 2004, 65쪽.
127 이동권, 경찰무기론, 2013, 262쪽 참조.

10. 제10조(일반권한)   [손재영]

현 경찰관 직무집행법	개정권고안
제5조(위험 발생의 방지 등) ① 경찰관은 사람의 생명 또는 신체에 위해를 끼치거나 재산에 중대한 손해를 끼칠 우려가 있는 천재, 사변, 인공구조물의 파손이나 붕괴, 교통사고, 위험물의 폭발, 위험한 동물 등의 출현, 극도의 혼잡, 그 밖의 위험한 사태가 있을 때에는 다음 각 호의 조치를 할 수 있다. 　3. 그 장소에 있는 사람, 사물의 관리자, 그 밖의 관계인에게 위해를 방지하기 위하여 필요하다고 인정되는 조치를 하게 하거나 직접 그 조치를 하는 것 ③ 경찰관은 제1항의 조치를 하였을 때에는 지체 없이 그 사실을 소속 경찰관서의 장에게 보고하여야 한다. ④ 제2항의 조치를 하거나 제3항의 보고를 받은 경찰관서의 장은 관계 기관의 협조를 구하는 등 적절한 조치를 하여야 한다.	제10조(일반권한) ① 경찰관은 제4조 내지 제9조가 경찰관의 권한을 특별히 규정하고 있지 않는 한 공공의 안녕이나 공공의 질서에 대한 위해가 발생한 때에는 그 위해를 방지하기 위하여 필요하다고 인정되는 조치를 할 수 있다. ② 제1항에 따른 경찰관의 권한은 그 직무수행에 필요한 최소한도에서 행사되어야 하며, 남용되어서는 아니 된다. ③ 경찰관은 제1항의 조치를 하였을 때에는 지체 없이 그 사실을 소속 경찰관서의 장에게 보고하여야 한다. ④ 제3항의 보고를 받은 경찰관서의 장은 관계 기관의 협조를 구하는 등 적절한 조치를 하여야 한다.

1) 개정 취지 및 이유

(1) 현행 경찰관 직무집행법 제5조의 분리 규정 필요성

현행 경찰관 직무집행법 제5조를 퇴거 및 출입금지에 관한 개별적 수권조항(개정권고안 제6조)과 위해방지조치에 관한 개괄적 수권조항(개정권고안 제10조)으로 분리 규정할 필요성에 관해서는 전술한 바와 같다(개정권고안 제6조 부분 참조).

(2) 개정권고안 제10조(일반권한)의 신설 이유

① 개괄적 수권조항의 의의

경찰법에서 개괄적 수권조항(일반권한조항)이란 개별적 수권조항(특별권한조항)이 존재하지 않는 경우 경찰관에게 위해방지조치를 수권하는 법률조항을 의미한다.[128] 개괄적 수권조항의 규율형태는 나라마다 조금씩 차이가 있지만, 대체로 "경찰관은 공공의 안녕이나 공공의 질서에 대한 위해를 방지하기 위하여 필요한 조치를 할 수

---

128 이하의 글은 손재영, 경찰법, 박영사, 2018, 101쪽 이하를 바탕으로 작성되었음을 밝힌다.

있다."는 내용을 담고 있다. 동 조항은 공공의 안녕이나 공공의 질서에 대한 위해가 존재하는 경우 경찰관에게 위해방지에 필요한 조치를 수권한다. 개괄적 수권조항은 경찰상의 하명(예: 스토킹이나 데이터폭력 가해자에 대한 중지명령이나 서면 경고 또는 안전조치 없이 맹견을 데리고 동네를 활보하고 다니는 견주에게 목줄을 착용시키라는 명령)뿐만 아니라, 경찰상의 사실행위(예: 위험표지판의 설치)에 대한 법률적 근거가 된다.

② 개괄적 수권조항의 필요성

(후술하겠지만) 경찰법에서 개괄적 수권조항의 입법필요성은 인정된다. 또 그 필요성을 인정하는 것이 현재 학계의 다수설이다. 입법자가 모든 위험상황을 사전에 예측하여 이것을 특별권한조항에 일일이 열거한다는 것은 불가능하며 또한 바람직하지도 않다는 것이 인정의 주된 이유이다. 입법보다 앞서가는 기술발전을 통해 위험상황은 끊임없이 새롭게 발생할 것이므로 입법자가 위해방지를 위하여 일련의 개별적 수권조항을 마련한다 해도 입법상의 흠결은 또다시 발생하기 마련이다. 이러한 경우 만일 개괄적 수권조항이 없다면 경찰관은 위해방지의 직무를 제대로 수행할 수 없게 될 것이다. 따라서 경찰관이 구체적 타당성이나 시의성을 반영한 법집행을 할 수 있도록 다소 개괄적인 입법형식을 취할 필요성이 존재한다.

2) 개괄적 수권조항의 허용 여부

사실 개괄적 수권조항이 개인의 권리를 제한하거나 의무를 부과하는 경찰권 행사에 대한 수권근거가 될 수 있는지와 관련하여서는 학설상 논쟁이 되고 있는바, 이에 관하여 간략하게 살펴보면 다음과 같다.

(1) 학설의 상황

일부 견해[129]에 따르면 개괄적 수권조항은 '명확성원칙'에 반하기 때문에 허용될 수 없다고 주장한다. 즉 개괄적 수권조항의 요건부분에는 '공공의 안녕', '공공의 질서', '위험', '장해'와 같은 불확정 법개념이 사용되고 있는데, 이러한 개념의 사용은 법률유보원칙의 한 요소인 명확성원칙에 위배된다는 것이다. 문헌에서 '부정설'로 불리고 있는 이 견해에 따르면 경찰작용은 권력적이고 침해적인 성격을 갖기 때문에 경찰작용에 대한 수권방식은 개별적 수권방식이 되어야 한다고 한다.[130] 이에 반하여

---

129 예컨대 박윤흔, 최신행정법강의(하), 박영사, 2004, 325쪽이 바로 그러하다.
130 이러한 견해에 입각한 것으로는 헌법재판소 2011. 6. 30. 2009헌마406 결정(서울광장통행저지행위의

다수견해는 (타당하게도) 개괄적 수권조항은 원칙적으로 경찰작용에 대한 수권근거가 될 수 있다고 보고 있다.

(2) 개괄적 수권조항과 명확성원칙

① 학설과 판례에 의한 개괄적 수권조항의 명확화

전술한 부정설이 '명확성원칙'의 관점에서 개괄적 수권조항에 대하여 제기하고 있는 헌법적 의문은 타당하지 않은 것으로 판단된다. 왜냐하면 개괄적 수권조항은 오늘날 학설과 판례에 의하여 동 조항 속에 규정된 수권의 목적과 내용 및 범위가 이미 충분히 명확해졌기 때문이다.[131] 지난 수십 년간 학설과 판례는 개괄적 수권조항의 요건부분에 규정된 '공공의 안녕', '공공의 질서', '위험', '장해'의 개념을 해석해 왔고, 그 결과 경찰관이 이러한 개념을 적용하고 법원이 그 적용을 통제할 수 있을 정도로 충분히 명확해졌다. 어떤 법률조항이 해석을 필요로 한다고 해서 당해 법률조항이 명확성원칙에 반하는 것은 결코 아닐 것이다. 헌법재판소 역시 일관된 결정에서 입법자가 불확정 법개념을 사용하는 것은 원칙적으로 헌법에 반하지 않는다는 입장을 고수하고 있다.[132]

② 경찰작용에 대한 입법자의 개별적 수권의무?

사실 개별적 수권방식은 '법률의 홍수' 또는 '규범의 홍수'를 초래한다는 비판에도 불구하고 입법 정책적으로는 바람직한 것으로 볼 수 있다. 그렇지만 입법자가 경찰작용에 대한 수권을 반드시 개별적 수권방식으로 하여야 할 헌법상의 의무는 존재하지 않는다. 헌법 제37조 제2항에 따라 국민의 자유와 권리는 국가안전보장, 질서유지 또는 공공복리를 위하여 필요한 경우 '법률'로써 제한될 수 있지만, 이 경우의 법률이 반드시 개별적 수권조항이 되어야 하는 것은 아니다. 만일 이러한 의무를 헌법에서 도출해 내려는 견해가 있다면 이러한 견해는 헌법이 요구하는 사항을 과도하게 늘리는 견해가 될 것이다.

③ 위험상황의 다양성에 따른 경찰관의 탄력적 대응의 필요성

'명확성원칙'은 모든 법률에 대하여 동일한 정도의 명확성을 요구하지 않는다.

위헌성)에서 개진된 재판관 김종대, 재판관 송두환의 보충의견.

131 같은 견해로는 정하중, 행정법개론, 법문사, 2020, 1061쪽.

132 헌법재판소 1992. 2. 25. 89헌가104 결정; 1998. 4. 30. 95헌가16 결정; 2001. 6. 28. 99헌바31 결정; 2004. 2. 26. 2003헌바4 결정.

명확성의 정도는 개개의 법률이나 법률조항의 성격에 따라 차이가 있을 수 있다.[133] 특히 경찰법의 영역에서는 방지되어야 하는 위험상황의 다양성 때문에 경찰관의 탄력적 대응이라는 측면에 매우 중요한 의미가 부여된다. 경찰관이 다양한 위험상황을 고려하여 개별사안에 맞는 적합한 조치를 취할 수 있도록 입법자는 법률요건부분에 불확정 법개념(공공의 안녕, 공공의 질서, 위험, 장해)을 사용할 수 있고, 법률효과부분에서는 재량(결정재량과 선택재량)을 부여할 수 있다. 제아무리 완벽에 가까운 입법자라 하더라도 모든 위험상황을 사전에 예측하여 이를 개별적 수권조항에 일일이 열거한다는 것은 불가능하며 또한 바람직하지도 않다. 입법보다 앞서 가는 기술의 발전을 통해 위험상황은 끊임없이 새롭게 발생할 것이므로 입법자가 위험방지를 위하여 일련의 개별적 수권조항을 마련한다 해도 입법상의 흠결은 또다시 발생하기 마련이다. 이러한 경우 만일 개괄적 수권조항이 없다면 경찰관은 자신에게 맡겨진 위험방지의 직무를 제대로 수행할 수 없게 될 것이다. 즉, 가까운 장래에 손해가 발생할 충분한 개연성이 존재함에도 불구하고 경찰관은 수권근거의 부재로 인하여 새로운 유형의 위험상황에 적절하게 대응하지 못한 채 이를 수수방관해야 하거나 어쩌면 위법을 모면하기 위하여 위험상황을 모른 체 해야 할지도 모른다.

④ 전형적인 위험상황의 경우 입법자는 개별적 수권조항을 마련하여야 한다?

최근 일부 문헌[134]에서는 '일반적으로 개괄적 수권조항은 비전형적 위험상황에 대해서만 법적 근거가 될 수 있는 반면, 특정한 위험상황이 매번 발생하고 특정한 방식의 위험방지가 요구되는 경우에는 그와 결부된 기본권 제한은 본질적 사항에 해당하므로 입법자는 개별적 수권조항을 마련해야 할 의무가 있다'는 주장이 개진되고 있다. 그러나 이러한 견해는 너무 많이 나아간 견해라 할 수 있다. 왜냐하면 이러한 견해는 '의회유보원칙'을 과도하게 늘리는 견해이기 때문이다. 전술한 바와 같이 표준적 직무조치를 확대하거나 개별적 수권조항을 마련하는 것은, 비록 이와 결부된 과잉입법의 문제에도 불구하고 입법 정책적으로는 바람직한 것으로 볼 수 있다. 하지만 그렇다고 해서 입법자에게 헌법상의 일반적 입법의무가 존재하는 것은 아니다. 적어도 새로 만

---

133 헌법재판소 2000. 2. 24. 98헌바37 결정; 2002. 7. 18. 2000헌바57 결정; 2004. 2. 26. 2003헌바4 결정.

134 예를 들어 Butzer, Flucht in die polizeiliche Generalklausel?, VerwArch. Bd. 93, 2002, 506 (523); Pieroth/Schlink/Kniesel, Polizei- und Ordnungsrecht, 2010, §7 Rn. 20이 바로 그러하다.

들어지는 개별적 수권조항이 내용적으로 개괄적 수권조항의 구성요건을 반복하고 있을 뿐이라면 입법자가 이것을 다시 한 번 명시적으로 규정하더라도 법치국가의 발전을 가져오지 않는다. 게다가 헌법상의 원칙인 것으로 억지 주장된 견해, 즉 '전형적 위험상황의 경우 입법자는 개별적 수권조항을 마련하여야 할 의무가 있다'는 견해는 비전형적 위험상황과의 구별문제를 낳게 될 것이고, 그 결과 법적 안정성이라는 관점에서 새로운 헌법적 문제를 야기할 것이기 때문에 수용하기 어려운 견해이다.[135]

(3) 소결

따라서 개괄적 수권조항은 원칙적으로 경찰작용에 대한 수권근거가 될 수 있다. 개괄적 수권조항은 명확성원칙에 반하기 때문에 허용될 수 없다는 견해는 오늘날 학설과 판례에 의하여 동 조항 속에 규정된 수권의 목적과 내용 및 범위가 이미 충분히 명확해졌다는 점과, 경찰작용에 대한 수권근거로서 개괄적 수권조항이 갖는 유용성을 고려할 때, 설득력이 떨어지는 견해이다. 최근 위험방지를 위하여 특별법을 제정하려는 경향이 강하게 나타나고 있음에도 불구하고 오늘날 기술의 발전을 통해 새롭게 발생하는, 그래서 입법자가 입법과정에서 종종 예측할 수 없었던 위험상황과 경찰관이 이러한 위험상황에 유연하게 대처하여야 함을 고려할 때, 개괄적 수권조항이라는 수권방식을 완전히 포기할 수는 없을 것이다.

3) 개정권고안 제10조의 주요 내용
(1) 개괄적 수권조항의 보충성

먼저 개정권고안 제10조 제1항("경찰관은 제4조 내지 제9조가 경찰관의 권한을 특별히 규정하고 있지 않는 한 공공의 안녕이나 공공의 질서에 대한 위해가 발생한 때에는 그 위해를 방지하기 위하여 필요하다고 인정되는 조치를 할 수 있다.")은 동법 제4조 내지 제9조가 경찰관의 권한을 특별히 규정하고 있지 않는 경우에 한하여 동 조항이 적용됨을 규정하고 있다. 이로써 개정권고안 제10조 제1항은 이른바 '개괄적 수권조항의 보충성'을 명문화하고 있다.

주지하다시피 경찰작용에 대한 법률의 수권은 일반적으로 다음의 두 가지 방식으로 행해질 수 있다. 즉 '개별적 수권조항을 두는 방식'과 '개괄적 수권조항을 두는 방식'이 바로 그것이다. 이러한 두 가지 방식 간의 선택은 입법자의 임의적 재량에

---

135 Schenke, Polizei- und Ordnungsrecht, 2018, Rn. 49.

맡겨져 있는 것이 아니라 기본권 제한의 강도에 의존한다. 즉, 어떤 경찰작용이 기본권에 대한 중대한 제한을 가져오는 경우에는 법률유보원칙의 한 요소인 명확성원칙이 보다 강하게 적용되므로 입법자는 '개별적 수권조항'을 통해 그러한 제한의 요건과 한계를 보다 상세히 규정하여야 한다.

　　그리고 '개별적 수권조항'은 다시 어디에 그 근거를 두고 있느냐에 따라 '특별경찰법상의 개별적 수권조항'과 '일반경찰법상의 개별적 수권조항'으로 구분될 수 있다.[136] '특별경찰법상의 개별적 수권조항'에 대한 예로서는 집회 및 시위에 관한 법률 제20조 제1항에 따른 집회 및 시위에 대한 해산명령, 가정폭력방지 및 피해자보호 등에 관한 법률 제9조의4 제2항에 따른 사법경찰관리의 현장출입조사, 가정폭력범죄의 처벌 등에 관한 특례법 제8조의2 제1항에 따른 사법경찰관의 긴급임시조치, 풍속영업의 규제에 관한 법률 제9조 제1항에 따른 풍속영업소에의 출입검사 등을 생각해 볼 수 있다. 또한 '일반경찰법상의 개별적 수권조항'에 대한 예로서는 현행 경찰관 직무집행법 제3조에 따른 불심검문과 제4조에 따른 보호조치 및 제7조에 따른 위험방지를 위한 출입 등을 들 수 있다. 이 경우 특별경찰법상의 수권조항은 특별법우선의 원칙(lex specialis derogat legi generali)에 따라 일반경찰법상의 수권조항보다 우선 적용된다. 이에 따라 예를 들어 가정폭력범죄의 현장에 '출입'할 수 있는 권한을 부여하는 가정폭력방지 및 피해자보호 등에 관한 법률 제9조의4 제2항이나 풍속영업소에 '출입'할 수 있는 권한을 부여하는 풍속영업의 규제에 관한 법률 제9조 제1항은, 마찬가지로 위험방지를 위하여 일정한 장소에 '출입'할 수 있는 권한을 부여하는 현행 경찰관 직무집행법 제7조보다 우선 적용된다. 그리고 특별경찰법이나 일반경찰법이 개별적 수권조항을 통해 경찰관에게 위해방지조치를 수권하고 있는 한 그러한 수권은 종결적 성격을 갖기 때문에 경찰관은 더 이상 개괄적 수권조항에 근거하여 위해방지조치를 취할 수 없다. 특별경찰법이나 일반경찰법상의 개별적 수권조항은 그 적용에 있어서 개괄적 수권조항보다 우선한다. 즉, 개괄적 수권조항은 개별적 수권조항이 존

---

136 경찰법은 일반경찰법과 특별경찰법으로 구분될 수 있다. 경찰관의 직무와 권한에 관한 일반규정과 일반원칙을 담고 있는 경찰관 직무집행법이 일반경찰법에 해당한다. 그러나 경찰관의 직무와 권한은 경찰관 직무집행법 외에도 많은 특별경찰법에 의하여 규율되고 있다. 예를 들어 도로교통법, 집회 및 시위에 관한 법률, 가정폭력방지 및 피해자보호 등에 관한 법률, 가정폭력범죄의 처벌 등에 관한 특례법, 풍속영업의 규제에 관한 법률 등이 바로 그러하다.

재하지 않는 경우에만 위해방지조치에 대한 수권근거로서 고려될 수 있다. 이에 따라 경찰관이 위해방지의 직무를 수행함에 있어서는 먼저 개별적 수권조항, 즉 특별경찰법상의 개별적 수권조항과 일반경찰법상의 개별적 수권조항이 존재하는지 여부부터 살펴보아야 한다. 이를 도해하면 아래 표와 같이 나타낼 수 있다.

[법적용의 우선순위]

특별경찰법	개별적 수권조항	적용의 우선순위
일반경찰법	개별적 수권조항	⇩
	개괄적 수권조항	⇩

(2) 개정권고안 제10조 제1항

현행 경찰관 직무집행법 제5조 제1항 제3호는 경찰작용의 요건으로서 '기타 위험한 사태'와 같은 포괄적인 개념을 사용하고 있고, 또한 이러한 요건이 충족된 경우에는 '위해를 방지하기 위하여 필요하다고 인정되는 조치'를 할 수 있다고 규정하여 경찰관이 할 수 있는 조치를 특정하고 있지 않다. 이러한 점에서 현행 경찰관 직무집행법 제5조 제1항 제3호는 전형적인 개괄적 수권조항의 규정방식에 해당한다.[137] 만일 입법필요설을 비롯한 여타의 견해가 현행법에는 개괄적 수권조항으로 인정될 수 있는 법률조항이 존재하지 않는다고 본다면 이것은 결국 경찰관 직무집행법 제5조 제1항 제3호를 '개별적 수권조항'으로 인정하는 셈이 되는데, 현행 경찰관 직무집행법 제5조 제1항 제3호의 규정방식을 고려할 때 이러한 견해는 받아들이기 어려운 견해이다. 만일 입법필요설을 비롯한 여타의 견해가 현행 경찰관 직무집행법 제5조 제1항 제3호를 개괄적 수권조항으로 인정하지 않으려고 한다면 '왜 경찰관 직무집행법 제5조 제1항 제3호는 개괄적 수권조항에 해당하지 않는지', 환언하면 '왜 경찰관 직무집행법 제5조 제1항 제3호는 개별적 수권조항에 해당한다고 보아야 하는지' 그 이유를 밝혀야 할 것이다. 그러나 문헌에서는 아직까지 이에 대한 타당한 이유를 발견하지 못하였다.

다만 문헌에서는 경찰관 직무집행법 제5조 제1항 제3호가 공공의 안녕 또는 공

---

137 다른 견해로는 박균성, 행정법론(하), 박영사, 2018, 626쪽.

공의 질서라는 보호법익을 망라해서 규정하고 있지 않고, 단지 개인적 법익에만 국한시키고 있기 때문에 동 조항을 개괄적 수권조항으로 보기에 다소 미흡하다는 점이 지적되어 왔다. 특히 개괄적 수권조항의 보호법익인 '공공의 안녕'은 사람의 생명, 신체, 재산 등과 같은 개인적 법익뿐만 아니라 사회적 법익(법질서)과 국가적 법익(국가와 그 시설의 존속 및 기능)이 아무런 장해를 받지 않고 있는 상태를 의미하는데, 경찰관 직무집행법 제5조 제1항은 보호법익을 단지 개인적 법익에만 국한시키고 있기 때문에 결과적으로 동 조항만을 개괄적 수권조항으로 인정하기는 어렵다는 것이다.

개괄적 수권조항의 규율형태는 각 나라마다 조금씩 차이가 있지만, 대체로 "경찰관은 공공의 안녕 또는 공공의 질서에 대한 위해를 방지하기 위하여 필요한 조치를 할 수 있다."는 내용을 담고 있다. 그리고 입법자는 이러한 개괄적 수권조항에 앞서 "경찰관은 공공의 안녕 또는 공공의 질서에 대한 위해를 방지하는 것을 그 직무로 한다."는 직무규정을 두는 것이 일반적이다. 여기서 주목할 만한 것은 밑줄 친 경찰관의 일반적 직무, 즉 '공공의 안녕과 공공의 질서에 대한 위해의 방지'와 개괄적 수권조항의 구성요건인 '공공의 안녕과 공공의 질서에 대한 위해의 방지'가 광범위하게 일치하고 있다는 점이다. 즉 입법 기술적으로 경찰관의 일반적 직무가 개괄적 수권조항의 구성요건이 되도록 함으로써 개괄적 수권조항과 직무규정 간에 연계가 행해지고 있는 것이다.[138] 이러한 입법태도는 경찰관이 '공공의 안녕 또는 공공의 질서에 대한 위해의 방지'라는 직무를 수행하는 과정에서 발생할 수 있는 직무수행의 공백을 없애기 위한 의도로 보인다. 사실 입법자는 공공의 안녕이나 공공의 질서에 대한 위해를 방지하기 위하여 경찰관에게 특별한 권한을 부여하고 있지만, 입법기술상 모든 유형의 위해상황을 사전에 예측하여 이를 상세히 규율하는 데에는 일정한 한계가 있기 때문에 입법상의 흠결이 발생할 수 있다. 이러한 경우 입법자가 모든 유형의 위해상황을 포괄할 수 있는 '공공의 안녕 또는 공공의 질서에 대한 위해의 방지', 즉 경찰관의 일반적 직무를 그 구성요건으로 하는 개괄적 수권조항을 마련해 둔다면 경찰관은 새로운 유형의 위험상황에 적절히 대처할 수 있고, 그렇게 함으로써 직무수행의 공백을 막을 수 있게 된다. 환언하면 경찰관이 위험방지라는 직무를 공백 없이 또는 흠결 없이 수행하기 위해서는 경찰관의 일반적 직무가 개괄적 수권조항의 구성

---

[138] Schoch, Grundfälle zum Polizei- und Ordnungsrecht, JuS 1994. 479 (485).

요건이 되는 입법상의 연계가 불가피한 것이다. 바로 이러한 이유로 개괄적 수권조항은 통상 "경찰관은 공공의 안녕 또는 공공의 질서에 대한 위해를 방지하기 위하여 필요한 조치를 할 수 있다."는 내용을 담고 있다.[139] 따라서 개괄적 수권조항은 직무규정과 매우 밀접한 연관성을 갖는다는 점을 고려하여 개정권고안 제10조 제1항도 경찰관의 일반적 직무에 관하여 규정하고 있는 제2조 제7호(공공의 안녕과 질서유지)와의 연관 속에서 법률개정이 이루어지도록 하였다. 그리하여 개정권고안 제10조 제1항의 요건은 '공공의 안녕 또는 공공의 질서에 대한 위해의 존재'로 규정하였다.

(3) 개정권고안 제10조 제2항

개정권고안 제10조 제1항은 경찰관에게 공공의 안녕이나 공공의 질서에 대한 위해가 존재하는 경우 위해를 방지하기 위하여 필요한 조치를 수권한다. 여기서 '위해를 방지하기 위하여 필요하다고 인정되는 조치'가 구체적으로 무엇을 의미하는지는 개별사례에 따라 판단되어야 하겠지만, 과잉금지원칙으로부터는 일정한 한계가 도출될 수 있다. 이에 따라 경찰의 조치가 위해방지라는 목적달성에 부적합하거나(적합성원칙에 반하는 조치), 필요한 한도 이상으로 행하여지거나(필요성원칙에 반하는 조치) 또는 위해방지의 이익보다 상대방이 받는 불이익이 더 크다면(상당성원칙에 반하는 조치), 그러한 조치는 '위해를 방지하기 위하여 필요하다고 인정되는 조치'라고 할 수 없다. 개정권고안 제10조 제2항("제1항에 따른 경찰관의 권한은 그 직무수행에 필요한 최소한도에서 행사되어야 하며, 남용되어서는 아니 된다.")은 이러한 점을 보다 명확히 규정함으로써 경찰권의 자의적 남용이 엄격히 금지된다는 점을 다시 한 번 강조하였다.

(4) 개정권고안 제10조 제3항과 제4항

개정권고안 제10조 제3항과 제4항은 현행 경찰관 직무집행법 제5조 제3항과 제4항을 그대로 유지하였다.

4) 개괄적 수권조항의 적용과 한계
(1) 개괄적 수권조항의 적용
① 개설

일정한 작위 또는 부작위 의무를 규정하고 있는 법률은 동시에 경찰관이 경찰하

---

139 예를 들어 독일의 16개 주(州) 경찰법이 경찰법을 제·개정할 때 모범으로 삼고 있는 통일경찰법 모범초안 (MEPolG) 제8조 제1항이 바로 그러하다.

명을 통해 이러한 작위 또는 부작위 의무를 직접 이행시킬 수 있는 권한도 함께 규정해 두는 것이 일반적이다. 예를 들어 도로교통법은 술에 취한 상태에서의 자동차 운전을 금지하는 동시에(제44조 제1항), 특정인이 이러한 의무에 위반하여 주취운전을 하다 적발된 경우 경찰공무원은 해당 주취운전자가 정상적으로 운전할 수 있는 상태에 이를 때까지 운전금지를 명령할 수 있음을 규정하고 있다(제47조 제2항). 또한 집회 및 시위에 관한 법률(이하 '집시법'이라 한다)은 옥외집회나 시위를 주최하려는 사람에게 사전 신고의무를 부과하는 동시에(제6조 제1항), 이러한 의무에 위반하여 신고를 하지 아니한 집회나 시위가 존재하는 경우 관할 경찰관서장이 해산명령을 내릴 수 있음을 규정하고 있다(제20조 제1항 제2호).

　　이와는 달리 일정한 작위 또는 부작위 의무를 부과하는 개별법 가운데에는 이러한 의무에 대한 위반이 있는 경우 형벌이나 과태료가 부과될 수 있음이 규정되어 있을 뿐, 경찰관이 개별사례에서 이러한 의무를 경찰하명을 통해 직접 이행시킬 수 있는지에 관해서는 아무런 언급을 하고 있지 않는 경우가 있다. 예를 들어 경범죄 처벌법은 일상생활과 밀접한 기초질서를 확립하기 위하여 46가지의 행위를 금지하고 있지만, 특정인이 경범죄 처벌법상의 규정을 위반한 경우 경찰관이 그 위반행위의 중지를 명령하거나 그 밖의 필요한 조치를 취할 수 있는지에 관해서 아무런 언급을 하고 있지 않다. 예를 들어 "상대방의 명시적 의사에 반하여 지속적으로 접근을 시도하여 면회 또는 교제를 요구하거나 지켜보기, 따라다니기, 잠복하여 기다리기 등의 행위를 반복하는 것", 즉 스토킹을 금지하는 경범죄 처벌법 제3조 제1항 제41호는 이러한 금지에도 불구하고 누군가가 스토킹을 하는 경우 그 스토커에게 10만 원 이하의 벌금, 구류 또는 과료의 형이 부과될 수 있음을 규정하고 있을 뿐, 경찰관이 피해자 보호를 위하여 해당 스토커에게 스토킹의 중지를 명령하거나 서면 경고장을 발송할 수 있는지에 관해서는 아무런 언급을 하고 있지 않다. 즉 경범죄 처벌법 제3조 제1항 제41호에 대한 임박한 또는 계속된 위반은 공공의 안녕에 대한 위험 또는 장해를 의미함에도 경범죄 처벌법에는 경찰관에게 위해방지에 필요한 조치, 이를테면 스토커에 대한 중지명령이나 서면 경고장의 발송과 같은 조치를 수권하는 법률조항이 결여되어 있다.

경범죄 처벌법

제3조(경범죄의 종류) ① 다음 각 호의 어느 하나에 해당하는 사람은 10만원 이하의 벌금, 구류 또는 과료의 형으로 처벌한다.

제41조(지속적 괴롭힘) 상대방의 명시적 의사에 반하여 지속적으로 접근을 시도하여 면회 또는 교제를 요구하거나 지켜보기, 따라다니기, 잠복하여 기다리기 등의 행위를 반복하여 하는 사람

> 경찰관이 피해자를 보호하기 위하여 스토커에게 스토킹의 중지를 명령하거나 서면 경고장을 발송할 수 있는 권한규정의 부재

또한 동물보호법은 맹견소유자가 맹견을 동반하고 외출하는 때에는 반드시 맹견에게 목줄과 입마개를 착용시켜야 할 의무를 부과하고 있지만(동물보호법 제13조 제2항 및 같은 법 시행규칙 제12조 제2항), 만일 맹견소유자가 이러한 의무를 위반하는 경우 경찰관이 맹견소유자에게 직접 목줄과 입마개의 착용을 명령할 수 있는지에 관해서는 아무런 언급을 하고 있지 않다. 이러한 의무에 위반한 경우 동물보호법 제47조 제2항 제4호는 단지 50만 원 이하의 과태료가 부과될 수 있음을 규정하고 있을 뿐이다.

동물보호법

제13조(등록대상동물의 관리 등) ② 소유자등은 등록대상동물을 동반하고 외출할 때에는 농림축산식품부령으로 정하는 바에 따라 목줄 등 안전조치를 하여야 하며, 배설물이 생겼을 때에는 즉시 수거하여야 한다.

> 맹견소유자가 목줄 등 안전조치를 해야 할 의무를 위반한 경우 경찰관이 직접 목줄과 입마개 착용을 명할 수 있는 권한에 관한 규정의 부재

제47조(과태료) ② 다음 각 호의 어느 하나에 해당하는 자에게는 50만 원 이하의 과태료를 부과한다.
  4. 제13조 제2항을 위반하여 안전조치를 하지 아니하거나 배설물을 수거하지 아니한 소유자 등

이와 관련하여서는 두 가지 문제가 제기된다. 첫째, 경범죄 처벌법 제3조 제1항과 동물보호법 제13조 제2항 및 같은 법 시행규칙 제12조 제2항에 규정된 명령 또는 금지는 범칙금이나 과태료의 부과를 통해 단지 간접적으로만 강제될 수 있는지, 아니면 이와 더불어 경찰관은 피해자 보호를 위하여 스토커에게 스토킹의 중지나 서면 경고장 발송과 같은 조치를 취하거나 맹견으로부터 사람의 생명이나 신체에 대한 위험을 방지하기 위하여 맹견소유자에게 직접 목줄과 입마개의 착용을 명령할 수 있는

지, 둘째, 만일 경찰관이 그와 같은 조치를 취할 수 있다면 이에 대한 수권근거는 어디에서 찾을 수 있는지의 문제가 바로 그것이다. 여기서 제기된 두 가지 문제에 관해서는 아래에서 순차적으로 살펴보기로 한다.[140]

② 개별법상의 일반적 명령과 금지의 경찰하명을 통한 구체화

전술한 바와 같이 경범죄 처벌법과 동물보호법은 개인에게 일정한 작위 또는 부작위 의무를 부과하고 이에 대한 위반을 과태료나 형벌 하에 두고 있지만, 경찰관이 개별사례에서 이러한 의무를 경찰하명을 통해 직접 이행시킬 수 있는 권한도 갖는지에 관해서는 아무런 언급을 하고 있지 않다. 이러한 경우 학설의 일치된 견해는 개별법상의 명령 또는 금지는 과태료나 형벌의 부과를 통해 사실상 간접적으로 강제될 수 있을 뿐만 아니라, 경찰관은 경찰하명을 통해 직접 관철시킬 수 있는 권한도 갖는다고 한다. 왜냐하면 법률이 그 준수를 요구하는 의무를 위반한 관계인을 벌하는 것과 관계인에게 이러한 법률상의 의무를 준수할 것을 명하는 것은 서로 각기 다른 목적을 추구하고 있기 때문이라고 한다.[141] 전자는 직접적으로 과거의 의무위반에 대하여 일정한 제재를 가함으로써 처벌을 목적으로 하는 반면, 후자는 가까운 장래에 법률상 의무를 위반하려 하거나 현재 위반하고 있는 경우 장래의 방향으로 그 이행을 실현하는 것에 그 목적이 있다. 따라서 양자는 서로 배타적이지 않으며, 원칙적으로 함께 고려될 수 있다. 이러한 점은 무엇보다 현행 도로교통법과 집시법에 잘 나타나 있다. 즉, 도로교통법 제44조 제1항에 위반하여 술에 취한 상태에서 자동차를 운전하는 사람에 대해서는 주취운전자가 정상적으로 운전할 수 있는 상태에 이를 때까지 운전금지가 명해질 수 있을 뿐만 아니라(제47조 제2항), 주취운전자에게는 혈중알코올농도의 수치에 따라 징역 또는 벌금이 과해질 수 있다(제148조의2 제2항).

도로교통법

제44조(술에 취한 상태에서의 운전금지) ① 누구든지 술에 취한 상태에서 자동차등, 노면전차 또는 자전거를 운전하여서는 아니 된다.

　제47조(위험방지를 위한 조치) ② 경찰공무원은 제44조 및 제45조를 위반하여 자동차 등 또는 노

---

140 이에 관해서는 손재영, "경찰법상의 개괄적 수권조항—개괄적 수권조항의 기능 및 적용영역을 중심으로—", 법학논고 제31집 별호, 2009, 523쪽 이하.

141 v. Mutius, Die Generalklausel im Polizei- und Ordnungsrecht, Jura 1986, 649 (652).

면전차를 운전하는 사람이나 제44조를 위반하여 자전거를 운전하는 사람에 대하여는 정상적으로 운전할 수 있는 상태가 될 때까지 운전의 금지를 명하고 차를 이동시키는 등 필요한 조치를 할 수 있다.

제148조의2(벌칙) ③ 제44조 제1항을 위반하여 술에 취한 상태에서 자동차등 또는 노면전차를 운전한 사람은 다음 각 호의 구분에 따라 처벌한다.

1. 혈중알코올농도가 0.2퍼센트 이상인 사람은 2년 이상 5년 이하의 징역이나 1천만원 이상 2천만원 이하의 벌금
2. 혈중알코올농도가 0.08퍼센트 이상 0.2퍼센트 미만인 사람은 1년 이상 2년 이하의 징역이나 500만원 이상 1천만원 이하의 벌금
3. 혈중알코올농도가 0.03퍼센트 이상 0.08퍼센트 미만인 사람은 1년 이하의 징역이나 500만원 이하의 벌금

그리고 집시법 제6조 제1항에 따른 사전 신고의무를 위반한 집회 또는 시위에 대해서는 해산명령이 내려질 수 있을 뿐 아니라(제20조 제1항 제2호), 집회나 시위를 주최한 사람에게는 2년 이하의 징역 또는 200만 원 이하의 벌금이 부과될 수 있다(제22조 제2항).

집회 및 시위에 관한 법률

제6조(옥외집회 및 시위의 신고 등) ① 옥외집회나 시위를 주최하려는 자는 그에 관한 다음 각 호의 사항 모두를 적은 신고서를 옥외집회나 시위를 시작하기 720시간 전부터 48시간 전에 관할경찰서장에게 제출하여야 한다.

제20조(집회 또는 시위의 해산) ① 관할경찰관서장은 다음 각 호의 어느 하나에 해당하는 집회 또는 시위에 대하여는 상당한 시간 이내에 자진해산할 것을 요청하고 이에 따르지 아니하면 해산을 명할 수 있다.
  2. 제6조 제1항에 따른 신고를 하지 아니하거나 제8조 또는 제12조에 따라 금지된 집회 또는 시위

제22조(벌칙) ② 제5조 제1항 또는 제6조 제1항을 위반하거나 제8조에 따라 금지를 통고한 집회 또는 시위를 주최한 자는 2년 이하의 징역 또는 200만 원 이하의 벌금에 처한다.

사실 규범을 집행하는 처분의 가능성은 매우 중요한 의미를 가진다. 경찰관의 입장에서 보았을 때에 개별사례에서 하명을 내릴 수 있다는 것은 형벌이나 과태료의 부과와 더불어 규범의 실효성을 담보하기 위한 그 밖의 다른 수단이 존재함을 의미한다. 물론 형벌과 과태료가 직접적으로 과거의 의무위반에 대하여 가해지는 제재로

서의 의미뿐만 아니라 의무자에게 심리적 위압을 가함으로써 의무이행을 촉진시키는 수단으로서의 의미도 가진다. 하지만 이 경우에도 형벌과 과태료는 심리적 강제를 통해 의무자의 임의적 이행을 기대할 수밖에 없는 간접적인 수단에 불과하기 때문에 의무자에게 효과적인 강제가 되지 않을 수 있다. 또한 벌칙을 부과한다 해도 위반행위를 계속하고 있는 경우에는 이른바 이중처벌금지원칙이 적용되어 동일사실에 대하여 목적을 달성할 때까지 반복해서 부과하는 것이 허용되지 않으며, 위반행위에서 얻어지는 경제적 이익이 막대한 경우에는 그 강제효과가 희박할 뿐만 아니라 행정법규가 늘어감에 따라 행정벌칙도 증가하고 이에 따라 전과자가 증대하는 문제점이 있다.[142] 이에 따라 만일 경찰관에게 하명의 가능성이 주어진다면 경찰관은 경찰하명과 뒤이은 직접강제를 통해 법률에 대한 임박한 위반을 막을 수 있을 뿐만 아니라 이미 법률을 위반하였지만 아직 종결되지 않은 채 계속되고 있는 상황을 중지시킬 수 있다. 말하자면 경찰관은 법률이 금지하고 있는 행위의 계속을 막을 수 있는 것이다. 이러한 점에서 경찰관은 피해자 보호를 위하여 스토커에게 스토킹의 중지를 명령하거나 서면 경고장을 발송할 수 있으며, 맹견으로부터 사람의 생명이나 신체에 대한 위험을 방지하기 위하여 소유자에게 목줄과 입마개의 착용을 명령할 수 있다. 경찰관이 범죄나 질서위반행위를 수사하고 소추하는 활동(범죄수사)과 법률에 대한 임박한 위반을 막기 위하여 개입하거나 이미 법률을 위반하였지만 아직 종결되지 않은 채 계속되고 있는 법률위반을 중지시키는 활동(위험방지)은 구별되어야 한다.

③ 불완전한 개별법의 보충과 개괄적 수권조항

만일 개별법상의 명령 또는 금지가 형벌이나 과태료의 부과를 통해 사실상 간접적으로 강제될 수 있을 뿐만 아니라, 경찰관이 하명을 통해 직접 관철시킬 수 있는 권한도 갖는다면 여기서는 이에 대한 수권근거가 무엇인지의 문제가 제기된다.

㉠ 개별법상의 명령 또는 금지규범은 이에 상응하는 경찰관의 하명권한도 내포하고 있다고 보는 견해

일부 견해[143]에 따르면 개별법상의 명령 또는 금지규범은 항상 경찰관이 이에 상응하는 경찰하명을 내릴 권한도 내포하고 있다고 주장한다. 이러한 견해에 따르면

---

142 정하중, 행정법개론, 법문사, 2020, 470쪽.
143 예를 들어 Maurer, Allgemeines Verwaltungsrecht, 2004, §10. Rn. 5가 바로 그러하다.

스토킹을 금지하고 있는 경범죄 처벌법 제3조 제1항 제41호는 경찰관이 스토커에게 내리는 스토킹 중지명령이나 서면 경고장 발송에 대한 수권근거가 된다고 볼 것이다. 또한 맹견소유자가 맹견을 동반하고 외출하는 때에는 반드시 목줄과 입마개를 착용시켜야 할 의무를 부과하고 있는 동물보호법 제13조 제2항 및 같은 법 시행규칙 제12조 제2항이 경찰관이 맹견소유자에게 내리는 경찰하명에 대한 수권근거가 된다고 볼 것이다.

ⓒ 다수견해

이에 반하여 다수견해[144]는 개별법상의 명령 또는 금지규범은 그 자체로는 경찰하명에 대한 수권근거가 되지 못한다고 한다. 왜냐하면 개별법상의 명령 또는 금지규범은 단지 규범적인 명령이나 금지만을 담고 있을 뿐, 경찰관이 개별사례에서 이에 상응하는 하명을 내릴 권한을 담고 있는 것은 아니기 때문이라고 한다. 이러한 점에서 다수견해는 개괄적 수권조항의 보충적용이 필요하다고 한다. 즉, 개별법상의 명령 또는 금지에 대한 임박한 또는 계속된 위반은 공공의 안녕에 대한 위험 또는 장해를 의미하므로 이 경우에는 개괄적 수권조항이 경찰하명에 대한 수권근거가 된다고 한다.

ⓒ 학설에 대한 평가

개별법상의 명령 또는 금지규범은 항상 이에 상응하는 경찰관의 하명권한도 내포하고 있다고 보는 견해는 받아들이기 어려운 견해이다. 왜냐하면 법률유보원칙은 경찰관이 개별사례에서 법률상 의무를 어떠한 종류와 방식으로 이행시킬 것인지와 관련하여서도 적용되어야 하기 때문이다. 개별법상의 명령 또는 금지규범은 단지 규범적인 명령이나 금지만을 담고 있을 뿐, 경찰하명에 대한 수권까지 담고 있는 것은 아니기 때문에 경찰관은 개별법상의 명령 또는 금지규범에 근거하여 하명을 내릴 수 없다고 보는 다수견해가 타당하다. 개별법상의 명령 또는 금지에 대한 임박한 또는 계속된 위반은 공공의 안녕에 대한 위험 또는 장해를 의미하므로 이 경우에는 개괄적 수권조항이 경찰관에게 경찰하명(예: 스토킹 중지명령이나 서면경고)을 통해 법률상 의

---

144 BVerwG, NJW 1980, 1970; 1981, 242; DÖV 1981, 535 (536); v. Mutius, Die Generalklausel im Polizei- und Ordnungsrecht, Jura 1986, 649 (652); Schoch, Grundfälle zum Polizei- und Ordnungsrecht, JuS 1994, 479 (486); Götz, Allgemeines Polizei- und Ordnungsrecht, 2001, Rn. 581; Schenke, Polizei- und Ordnungsrecht, 2015, Rn. 59.

무를 직접 이행시킬 수 있는 권한을 부여한다. 이와 같이 개괄적 수권조항의 주된 적용영역은 임박한 또는 계속되고 있는 법률위반에 대하여 경찰관이 예방적으로 개입할 수 있는 권한을 부여하고 있지 않은 개별법과 관련이 있고, 이러한 불완전한 개별법(lex imperfecta)을 보충하는 것에서 개괄적 수권조항의 본질적 기능을 찾을 수 있다.[145]

(2) 개괄적 수권조항의 한계

① 개설

전술한 바와 같이 경찰관 직무집행법상의 개괄적 수권조항은 원칙적으로 경찰작용에 대한 수권근거가 될 수 있다. 그러나 경찰관 직무집행법상의 개괄적 수권조항이 경찰작용에 대한 수권근거가 될 수 있다고 해서 동 조항이 '모든' 경찰작용에 대한 수권근거가 될 수 있음을 의미하지 않는다. 즉, 개괄적 수권조항의 적용에는 일정한 한계가 존재한다. 만일 개괄적 수권조항의 적용에 일정한 한계가 존재한다면 여기서는 다음과 같은 의문이 제기된다. 즉 '위험방지를 위한 경찰작용들 가운데 개괄적 수권조항에 근거할 수 없는 경찰작용에는 어떤 것이 있는지', 환언하면 '위험방지를 위한 경찰작용들 가운데 반드시 개별적 수권조항에 그 근거를 두어야 하는 경찰작용에는 어떠한 것이 있는지'의 의문이 바로 그것이다. 이하에서는 어떤 경찰작용의 경우 개별적 수권조항이 필요하고, 어떤 경찰작용에 대해서는 개괄적 수권조항으로도 충분할 수 있는지에 관하여 살펴보기로 한다.

② 위험사전대비의 경우

개괄적 수권조항은 경찰권 행사를 위한 요건으로서 공공의 안녕이나 공공의 질서에 대한 '구체적 위험'이 존재할 것을 요구한다. 즉, 개괄적 수권조항에 따른 경찰권 행사는 공공의 안녕이나 공공의 질서에 대한 구체적 위험이 존재하는 경우에만 허용된다. 이러한 요구는 경찰관 직무집행법에 명문으로 규정되어 있지 않은 경우에도 비례원칙을 고려한 합헌적 법률해석의 방법으로 도출될 수 있다. 여기서 '구체적 위험'이란 경찰관 직무집행법에 개념정의가 되어 있지 않기 때문에 그 의미와 관련하여서는 논쟁이 될 수 있지만, 개별사례에서 실제로 또는 최소한 경찰관의 사전적 시점(ex ante)에서 사정을 합리적으로 판단해 볼 때 가까운 장래에 손해가 발생할 충분

---

145 손재영, "경찰법상의 개괄적 수권조항―개괄적 수권조항의 기능 및 적용영역을 중심으로―", 법학논고 제31집 별호, 2009, 547쪽.

한 개연성이 있는 상황을 의미한다. 이러한 구체적 위험을 방지하는 활동과 달리 '위험사전대비'는 현재까지는 (아직) 구체적 위험이 존재하지 않지만, 장래에 발생할 수 있는 구체적 위험을 효과적으로 방지하기 위하여 위험발생 이전 단계에서 위험에 대비하거나 위험발생 자체를 사전에 차단하는 경찰활동을 의미한다. 범죄예방을 위한 개인정보의 수집과 저장, 순찰활동이나 음주운전의 단속 또는 CCTV를 통한 감시 등이 그 예이다.

위험사전대비는 이미 그 개념에 잘 나타나 있듯이 '구체적 위험'이 존재할 것을 전제요건으로 하지 않는다. 이에 따라 만일 경찰관이 구체적 위험이 발생하기 이전에 개인정보를 수집 및 보관하여 사후에 발생할 수 있는 위험을 효과적으로 방지하려 한다면 개괄적 수권조항은 그러한 개인정보의 수집 및 보관에 대한 수권근거가 될 수 없다. 왜냐하면 개괄적 수권조항은 경찰권 행사의 요건으로서 '구체적 위험'이 존재할 것을 요구하고 있기 때문이다. 이에 따라 경찰관이 구체적 위험의 존재 여부와 관계없이 시행하는 신원확인조치(신원확인의 특별한 형태로서 도로를 차단하고 불특정 다수인을 상대로 실시하는 일제단속식 음주단속이 바로 그러하다)나 공공장소에 설치 및 운영하는 CCTV와 같은 조치는 입법자가 개별적 수권을 통해 그러한 조치가 구체적 위험이 발생하기 이전에도 허용되는 것으로 규정하지 않는 한 개괄적 수권조항에 근거하여 행해질 수 없다. 만일 경찰관이 CCTV를 설치하여 장래에 발생할 수 있는 범죄를 예방하려 한다면 구체적 위험이 존재할 것을 감시요건으로 하지 않는 개인정보보호법 제25조 제1항 제2호와 같은 법률의 명시적 수권이 필요하다.[146]

③ 기본권에 대한 중대한 제한을 가져오는 경찰조치의 경우

또한 기본권에 대한 중대한 제한이 존재하는 경우, 특히 관련된 기본권이 단지 강화된 실질적 요건과 절차적 요건 하에서만 제한될 수 있는 경우 개괄적 수권조항의 적용은 제한된다. 이에 따라 기본권에 대한 중대한 제한을 가져오는 경찰조치들, 예컨대 DNA의 수집 및 분석, 장기간의 감시, 신분을 위장한 경찰공무원과 비밀정보원의 투입 및 체류금지와 상경차단조치(집회참가 원천봉쇄조치)[147]와 같은 경찰조치들

---

146 손재영, "경찰의 사전대비활동", 공법학연구 제11권 제2호, 2010, 299쪽.
147 상경차단조치(집회참가 원천봉쇄조치)란 경찰이 특정지역에서의 불법집회에 참가하려는 것을 막기 위하여 시간적·장소적으로 근접하지 않은 다른 지역에서 집회예정 장소로 출발 또는 이동하는 것을 제지하는 조치를 의미한다.

은 개괄적 수권조항에 근거하여 행하여질 수 없다. 왜냐하면 이러한 조치들은 기본권에 대한 중대한 제한을 가져오므로 입법자는 개별적 수권조항을 통해 그러한 제한의 요건과 한계를 보다 상세히 규정하여야 하기 때문이다. 특히 집회의 자유에 대한 중대한 제한을 가져오는 상경차단조치의 경우 명확성원칙은 입법자로 하여금 그러한 제한의 요건과 한계를 보다 상세히 규정하여야 할 의무를 부과한다. 사실 서울집회와 같이 전국적 규모의 불법집회가 특정장소에 예정된 경우에는 집회가 예정된 장소에 대규모 참가자들이 집결하기 전에 각 지역마다 비교적 소규모 참가자를 제지하여 분산시키는 원천봉쇄가 현실적으로 필요하고 효과적인 방법일 수 있다. 그러나 집회참가 원천봉쇄가 효과적이고 필요하다는 이유만으로 지방에 거주하는 집회참가자들이 그들의 정치적 의사를 표현하기 위하여 상경하려는 행위 그 자체를 예외 없이 차단해 버린다면 이것은 상대적으로 서울과 그 인근에 거주하며 집회에 참가하려는 사람들의 기본권 제한과 비교할 때 집회의 자유를 보다 강하게 제한하는 결과를 낳는다. 따라서 명확성원칙의 관점에서 개괄적 수권조항은 상경차단조치에 대한 수권근거가 될 수 없다.

상경차단조치가 개괄적 수권조항에 근거할 수 없는 또 다른 이유는, 동 조항에 규정된 요건만 가지고서는 그와 같은 중대한 기본권 제한을 정당화할 수 없기 때문이다. 즉 개괄적 수권조항의 한 요건인 '공공의 질서'에 대한 위반만으로는 경찰이 집회참가를 원천봉쇄하기에 충분하지 않다. 말하자면 '선량한 풍속'에 반하는 행위를 한다는 이유만으로 경찰이 집회참가를 원천봉쇄할 수는 없는 것이다. 비례원칙의 관점에서 그러한 중대한 기본권 제한조치에는 헌법적으로 높은 요구사항이 세워져야 한다. 따라서 공공의 안녕에 대한 강화된 위험을 요건으로 하는 개별적 수권조항이 존재하지 않는 한 경찰에 의한 집회참가 원천봉쇄조치는 허용되지 않는다.

(3) 소결

① 일정한 작위 또는 부작위 의무를 부과하고 있는 개별법 가운데에는 이러한 의무에 대한 위반이 있는 경우 형벌 또는 과태료가 부과될 수 있음이 규정되어 있지만, 경찰관이 개별사례에서 이러한 의무를 경찰하명을 통해 직접 이행시킬 수 있는 권한도 갖는지에 관해서는 아무런 언급을 하고 있지 않는 경우가 있다. 이러한 경우 개별법상의 명령 또는 금지규범은 그 자체로는 경찰하명에 대한 수권근거가 되지 못

한다. 왜냐하면 개별법상의 명령 또는 금지규범은 입법자가 불특정 다수인을 상대로 일정한 행위를 명령하거나 금지하는 입법상의 하명만을 담고 있을 뿐, 경찰관이 개별사례에서 이러한 규범을 위반한 특정인에게 그 행위를 명령하거나 금지하는 경찰상의 하명에 대한 수권까지 담고 있는 것은 아니기 때문이다. 법률유보원칙은 경찰관이 개별사례에서 법률상 의무를 어떠한 종류와 방식으로 이행시킬 것인지와 관련하여서도 적용되어야 한다. 개별법상의 명령 또는 금지에 대한 임박한 또는 계속된 위반은 공공의 안녕에 대한 위험 또는 장해를 의미하므로 이 경우에는 개괄적 수권조항이 경찰관에게 하명을 통해 법률상 의무를 직접 이행시킬 수 있는 권한을 부여한다. 이와 같이 개괄적 수권조항의 주된 적용영역은 임박한 또는 계속되고 있는 법률위반에 대하여 경찰관이 예방적으로 개입할 수 있는 권한을 부여하고 있지 않은 개별법과 관련이 있고, 이러한 불완전한 개별법을 보충하는 기능을 수행한다는 점에서 개괄적 수권조항은 중요한 의미를 갖는다.

② 개괄적 수권조항은 원칙적으로 경찰작용에 대한 수권근거가 될 수 있지만, 그렇다고 해서 동 조항이 '모든' 경찰작용에 대한 수권근거가 될 수 있음을 의미하지 않는다. 즉, 개괄적 수권조항의 적용에는 일정한 한계가 존재한다. '위험사전대비'와 '기본권에 대한 중대한 제한을 가져오는 경찰조치'의 경우가 바로 그러하다. 특히 관련된 기본권이 강화된 실질적 요건과 절차적 요건 하에서만 제한될 수 있는 경우에는 개괄적 수권조항의 적용은 제한된다. 이에 따라 DNA의 수집 및 분석, 장기간의 감시, 신분을 위장한 경찰공무원과 비밀정보원의 투입 및 체류금지와 상경차단조치 (집회참가 원천봉쇄조치)와 같은 경찰조치들은 개괄적 수권조항에 근거하여 행해질 수 없다.

11. 제11조(손실보상)[148]

[김성태]

현 경찰관 직무집행법	개정권고안
제11조의2(손실보상) ① 국가는 경찰관의 적법한 직무집행으로 인하여 다음 각 호의 어느 하나에 해당하는 손실을 입은 자에 대하여 정당한 보상을 하여야 한다. 〈개정 2018. 12. 24.〉 　1. 손실발생의 원인에 대하여 책임이 없는 자가 생명·신체 또는 재산상의 손실을 입은 경우(손실발생의 원인에 대하여 책임이 없는 자가 경찰관의 직무집행에 자발적으로 협조하거나 물건을 제공하여 생명·신체 또는 재산상의 손실을 입은 경우를 포함한다) 　2. 손실발생의 원인에 대하여 책임이 있는 자가 자신의 책임에 상응하는 정도를 초과하는 생명·신체 또는 재산상의 손실을 입은 경우 ② 제1항에 따른 보상을 청구할 수 있는 권리는 손실이 있음을 안 날부터 3년, 손실이 발생한 날부터 5년간 행사하지 아니하면 시효의 완성으로 소멸한다. ③ 제1항에 따른 손실보상신청 사건을 심의하기 위하여 손실보상심의위원회를 둔다. ④ 경찰청장 또는 지방경찰청장은 제3항의 손실보상심의위원회의 심의·의결에 따라 보상금을 지급하고, 거짓 또는 부정한 방법으로 보상금을 받은 사람에 대하여는 해당 보상금을 환수하여야 한다. ⑤ 보상금이 지급된 경우 손실보상심의위원회는 대통령령으로 정하는 바에 따라 경찰위원회에 심사자료와 결과를 보고하여야 한다. 이 경우 경찰위원회는 손실보상의 적법성 및 적정성 확인을 위하여 필요한 자료의 제출을 요구할 수 있다. 〈신설 2018. 12. 24.〉	제11조(손실보상) ① 국가는 경찰관의 적법한 직무집행으로 인하여 다음 각 호의 어느 하나에 해당하는 손실을 입은 자에 대하여 정당한 보상을 하여야 한다. 　1. 손실발생의 원인에 대하여 책임이 없는 자가 생명·신체 또는 재산상의 손실을 입은 경우(손실발생의 원인에 대하여 책임이 없는 자가 경찰관의 직무집행에 자발적으로 협조하거나 물건을 제공하여 생명·신체 또는 재산상의 손실을 입은 경우를 포함한다) 　2. 손실발생의 원인에 대하여 책임이 있는 자가 자신의 책임에 상응하는 정도를 초과하는 생명·신체 또는 재산상의 손실을 입은 경우 ② 제1항 제1호의 경우에 손실발생의 원인에 대하여 책임이 있는 자가 따로 있으면 국가는 그 자에게 구상할 수 있다. ③ 제1항에 따른 보상을 청구할 수 있는 권리는 손실이 있음을 안 날부터 3년, 손실이 발생한 날부터 5년간 행사하지 아니하면 시효의 완성으로 소멸한다. ④ 제1항에 따른 손실보상신청 사건을 심의하기 위하여 손실보상심의위원회를 둔다. ⑤ 경찰청장 또는 지방경찰청장은 제4항의 손실보상심의위원회의 심의·의결에 따라 보상금을 지급하고, 거짓 또는 부정한 방법으로 보상금을 받은 사람에 대하여는 해당 보상금을 환수하여야 한다. ⑥ 보상금이 지급된 경우 손실보상심의위원회는 대통령령으로 정하는 바에 따라 경찰위원회에 심사자료와 결과를 보고하여야 한다. 이 경우 경찰

---

148 제11조 개정권고안 해설에서는 김성태, 경찰작용에서의 손실보상, 홍익법학 제19권 제4호(2018. 12), 453쪽 이하의 내용이 활용되고 있음.

⑥ 경찰청장 또는 지방경찰청장은 제4항에 따라 보상금을 반환하여야 할 사람이 대통령령으로 정한 기한까지 그 금액을 납부하지 아니한 때에는 국세 체납처분의 예에 따라 징수할 수 있다. 〈신설 2018. 12. 24.〉
⑦ 제1항에 따른 손실보상의 기준, 보상금액, 지급 절차 및 방법, 제3항에 따른 손실보상심의위원회의 구성 및 운영, 제4항 및 제6항에 따른 환수절차, 그 밖에 손실보상에 관하여 필요한 사항은 대통령령으로 정한다. 〈신설 2018. 12. 24.〉

위원회는 손실보상의 적법성 및 적정성 확인을 위하여 필요한 자료의 제출을 요구할 수 있다.
⑦ 경찰청장 또는 지방경찰청장은 제2항에 따라 구상 청구를 받은 사람 또는 제5항에 따라 보상금을 반환하여야 할 사람이 대통령령으로 정한 기한까지 그 금액을 납부하지 아니한 때에는 국세 체납처분의 예에 따라 징수할 수 있다.
⑧ 제1항에 따른 손실보상의 기준, 보상금액, 지급 절차 및 방법, 제4항에 따른 손실보상심의위원회의 구성 및 운영, 제2항, 제5항 및 제7항에 따른 구상과 환수절차, 그 밖에 손실보상에 관하여 필요한 사항은 대통령령으로 정한다.

1) 개정 취지 및 이유

현장에서 범죄에 대처하고 위험을 방지하며 물리적인 실력행사가 빈번하게 이루어지는 경찰작용에 있어서는 직무수행 과정에서 상대방이나 제3자에게 재산상 혹은 신체상 피해를 초래할 가능성이 높다. 이와 같은 경찰작용의 특성에 비추어 피해를 입은 자의 실효적인 구제가 요구되며, 그 중 하나의 방식이 손실보상제도이다. 경찰관 직무집행법은 2013년 제11조의2에 손실보상 규정을 두어 경찰관의 적법한 직무집행으로 인한 손실에 대한 국가의 보상을 명문화하였다. 이 규정에 따라 2014년 4월부터 경찰의 적법한 직무집행과정에서 손실을 입은 국민은 간소한 신청절차를 통하여 보상을 받을 수 있게 되었다.

규정 도입 이후 현재까지 경찰관의 직무집행에 따른 피해 구제로서의 손실보상은 매우 의미 있는 제도로 자리매김하고 있다고 평가할 수 있다. 그러나 법령의 적용과 제도의 운용에 있어서 특별히 주의를 기울여 살피며 보완이 논의되어야 할 부분이 있는 것도 사실이다. 그 가운데 하나가 손실발생 원인에 책임 있는 자에 대한 국가의 구상 청구이다. 현행 경찰관 직무집행법은 손실발생의 원인에 대하여 책임이 없는 자가 생명·신체 또는 재산상의 손실을 입어 국가가 보상한 경우 당해 손실발생의 원인에 대하여 책임이 있는 자가 따로 있는 경우라도 그자에 대한 국가의 구상권은 규정하고 있지 않다. 개정권고안에서는 공평하고 엄정한 책임의 귀속을 위하여 손실발생 원인에 책임 있는 자에 대한 국가의 구상에 관한 규정(제2항)을 신설하였다.

또한 이의 실효성을 확보하기 위하여 구상 청구를 받은 사람이 대통령령으로 정한 기한까지 그 금액을 납부하지 아니한 때에는 경찰청장 또는 지방경찰청장이 국세 체납처분의 예에 따라 이를 징수할 수 있도록 하고 있다(제7항).

2) 개정 내용
(1) 제2항: 손실발생의 원인에 대하여 책임 있는 자에 대한 구상

적지 않은 경우에 경찰 조치는 경찰상 위험을 야기하거나 범죄를 행한 자가 아닌, 제3자에 대해서 이루어지기도 하는바, 경찰 조치로 피해를 입은 제3자는 손실발생 원인에 책임 없는 자로서 보상청구가 인정된다. 예를 들어 I) 이웃주민의 '옆집이 이틀 전부터 불이 켜져 있고 이상한 소리가 났으며 거주인들을 만난 지 오래되어 불안하다'는 신고를 받고 출동한 경찰관이 집주인(임대인)에게 연락하여 확인한 거주자의 전화번호로 연락하니 연락이 되지 않아, 집주인의 동의하에 방범창을 강제개방하여 집주인이 손실보상을 청구한 경우 ii) 살인 피의자 수색 과정에서 세입자인 피의자의 집 현관문 고리에서 혈흔을 발견하고, CCTV상에도 피의자가 집으로 들어오는 장면이 확인되어 피의자가 집에 있다고 판단하여 현관을 파손하고 진입한 후 집주인이 손실보상을 청구한 경우가 이에 해당한다. 이때 집주인에게 보상을 행한 국가가 경찰책임자 등 손실발생 원인에 책임 있는 자에게 구상할 수 있느냐의 문제가 있게 된다.

경찰비용의 부담을 규정하면서 이와 궤를 같이 하여 손실보상을 정하고 있는 독일의 경우 경찰책임자에 대한 구상을 경찰법에 명시하고 있다. 즉, 경찰책임자는 경찰에 의한 조치의 직접시행, 대집행, 직접강제 등 경찰력 투입으로 발생하는 경찰비용의 부담자가 될 수 있으며 손실보상은 청구하지 못한다. 경찰비책임자의 경우 경찰비용을 부담하지 않으며 손실보상의 청구가 가능하다.[149] 또한 적법한 경찰 조치의 결과 손실을 입은 자 혹은 경찰의 동의를 얻어 경찰업무 수행에 자발적으로 협조하거나 물건을 제공하여 손실을 입은 자에게 경찰이 보상을 한 경우 경찰책임자에게 구상권을 행사할 수 있음을 규정하고 있다.[150] 그에 비해 우리법은 경찰이 조치를 직

---

149 예컨대 §45 VEMEPolG; Art. 87 BayPAG; §55 BWPolG; §59 BerlASOG; 독일에서의 경찰비용의 부담에 관한 입법 및 학설에 대해 설명하고 있는 국내 문헌으로는 김형훈, 경찰비용법, 2013, 74쪽 이하; 이성용, 경찰책임자의 비용상환에 관한 연구, 경찰학연구 제8권 제1호(2008. 4), 71쪽 이하 참조; 손실보상에 대해서는 조태제, 적법한 경찰활동 중 발생한 인적·물적 피해보상방안에 관한 연구, 1쪽 이하 참조.
150 예컨대 §50 VEMEPolG; Art. 89 BayPAG; §57 BWPolG; §64 BerlASOG; §69 HessSOG.

접 시행함에 따른 경찰비용의 부담에 관해서는 규정하지 않으면서 경찰작용에 따른 손실보상만을 정하고 있다. 따라서 경찰책임자라 하더라도 경찰비용을 의무적으로 부담해야 하는 것은 아닌 것으로 해석된다. 그러나 여기에서 더 나아가 손실을 입은 제3자에게 보상을 행한 국가가 경찰책임자 기타 손실발생 원인에 책임이 있는 자에게 구상권도 행사할 수 없는 것인지 의문이 있다.

현행 제11조의2의 손실보상은 공익을 위하여 개인에게 부과된 특별한 희생을 사회 전체가 분담하는 것이고, 경찰작용은 국민의 세금을 기반으로 한 공공서비스의 제공으로서[151] 현행 법제가 경찰책임자라 하더라도 경찰작용에 따른 비용을 부과하지 않고 있어, 일견 조치가 이루어진 제3자에 대한 손실보상의 비용을 경찰책임자와 같이 손실발생 원인에 책임 있는 자가 부담하여야 하는 것은 아닌 것처럼 보일 수도 있다. 그러나 국가적 역무수행의 야기로 인한 비용과 공행정작용으로 발생한 재산상 손실은 본질적으로 서로 다른 차원의 것으로서 경찰에 의한 조치의 비용을 경찰책임자에게 부과하지 않는 입법이 곧바로 경찰작용으로 발생한 손실의 종국적 귀속에 있어 경찰책임자 등 손실발생 원인에 책임 있는 자를 제외하는 것까지 의미하는 것은 아니라 할 것이다. 특히 제11조의2에 따라 손실발생 원인에 책임 있는 자 자신의 재산에 손실이 발생한 경우 원칙적으로 보상을 청구할 수 없고 손실이 그에게 귀속되는 것으로 되어 있음에도 불구하고 단지 ― 우연히 ― 제3자에게 재산상 손실이 발생했다는 이유로 손실의 종국적인 귀속자가 국가가 된다고 하는 것은 타당하지 않다. 손실발생의 원인에 책임이 있는 자가 감내해야 하는 것으로 정해진 손실을 국가에게 귀속시키는 것은 제11조의2의 취지에 반한다.

요컨대 경찰관의 직무집행으로 발생한 재산상 손실은 자신의 재산에 대한 것이든, 제3자의 재산에 대한 것(제3자의 용역제공으로 발생한 비용을 포함한다[152])이든 손실

---

151 이러한 논거로 경찰비용의 부과를 부정하는 입장에 대한 비판적 검토로는 이성용, 앞의 글, 63쪽 이하; 서정범, 경찰비용의 국민에의 전가가능성에 관한 법적 고찰, 홍익법학 제15권 제4호(2014. 12), 514쪽 이하 참조.

152 제3자의 용역제공으로 발생한 비용은 재산상 손실이 아닌 경찰비용의 문제로 분류할 수도 있지만, 경찰책임자의 비용부담의 면제는 조세 등 국가적 재원으로 구성·운영되는 경찰이 본래적·통상적으로 행하는 작용에 한정되는 것으로 이해할 수도 있으며, 특히 제11조의2 제1항이 손실발생의 원인에 대하여 책임이 없는 자가 경찰관의 직무집행에 자발적으로 협조하거나 물건을 제공하여 재산상의 손실을 입은 경우를 포함하여 보상을 명시하고 있기 때문이다. 손실보상심의회의 실무에서도 이와 같은 종류의 손실(예컨대 열쇠수리공

발생의 원인에 책임 있는 자가 종국적으로 부담하며, 그에 따라 국가의 구상권 행사도 인정된다고 해석하여야 한다. 이러한 배경하에서 개정권고안은 새로 제2항을 추가하여 국가가 손실발생의 원인에 대하여 책임이 없는 자에 대하여 보상한 경우 손실발생의 원인에 대하여 책임이 있는 자가 따로 있으면 보상한 금액을 그자에게 구상할 수 있음을 분명히 하고 있다.

(2) 제7항: 구상금의 강제징수

제2항에 구상 규정을 추가하더라도 국가가 최종적으로 법원에 소송을 제기하는 방식으로 구상 청구를 하게 되는 경우 번거롭고 효과적이지 않다. 이에 개정권고안은 국가의 구상권 행사가 실효적으로 관철될 수 있도록 구상청구를 받은 사람이 대통령령으로 정한 기한까지 그 금액을 납부하지 아니한 때에는 경찰청장 혹은 지방경찰청장이 국세 체납처분의 예에 따라 구상금을 징수할 수 있다는 내용을 현행 보상금에 대한 강제징수 규정에 추가하고 있다.

3) 餘論: 위법한 직무집행에서의 보상 인정의 문제

행정상 손해전보제도는 적법한 작용에서의 손실보상과 위법한 작용에 대한 손해배상으로 구별된다. 이원적인 손해전보의 구별은 헌법을 비롯하여 현재의 법률들이 기본적으로 손실보상과 손해배상을 구분하고 있는 것에 따른 것이다. 이와 같은 행정상 손해전보의 이원적 체계에서 경찰작용에 따른 피해 역시 손실보상 혹은 손해배상의 형태로 구제가 검토되어 왔고, 경찰관 직무집행법이 적법한 직무집행에 대한 손실보상을 명시함으로써 손해전보의 이원적 체계를 입법적으로 다시 확인하고 있다.

경찰관이 행한 직무집행은 구체적인 내용과 관련 법리를 검토하여 적법·위법이 판단되며 그 결과에 따라 현행 제11조의2에 의한 손실보상의 여부가 정해진다. 적법성이 인정되지 않는다면 손실보상청구는 인용되지 않으며, 만약 손해배상청구가 있는 경우 국가배상법에 따라 배상 여부가 결정된다. 손실보상심의 실무에서 적법성 요건에 관하여 전반적으로 올바르게 심사하고 있지만, 직무집행이 적법하다 하여 보상결정을 한 사례들 가운데 일부에서는 국가배상법의 위법성이나 과실 관념에 비추어 논란이 될 수 있는 것도 발견된다.[153]

의 도어락 해제 비용)에 대한 보상을 인정하고 있다.

153 경찰관 A는 음주측정을 마치고 가방을 정리하는 과정에서 서류가 떨어지게 되었고, 잠시 음주측정 상대방

현장에서 다른 행정작용에 비해 비교적 짧은 시간 안에 작용 여부와 내용을 결정하며 조치를 행하는 특성이 두드러지는 경찰작용에 있어 경찰관이 행한 직무집행의 적법·위법 그리고 과실 여부를 판단하는 것은 쉽지 않다. 더욱이 현재의 보상 심의는 청구인이나 참고인의 진술, 현장검증, 증거조사 등을 적극적으로 행하지 않고 서면심사 위주로 진행되고 있어 적법성을 엄정하게 판단해내는 데에도 한계가 있다. 위법·과실이 논란될 수 있는 사안에서 손실보상심의위원회의 적법성 인정에 있어서는 기각 시의 현실적 문제에 대한 고려도 있었을 것이다. 즉, 적법성을 엄격하게 해석하여 청구가 기각되는 경우 국가나 경찰관 개인에 대한 손해배상청구 절차가 진행되어야 하고 이는 간편·신속한 피해자 구제에 바람직하지 않은 결과가 될 수 있다. 나아가 피해자의 지속적인 보상 민원 제기로 관련 경찰관이 어려움에 처하고 직무수행이 위축될 수도 있는 것이다.

직무집행의 적법성 여부가 논란이 될 수 있는 사안임에도 이를 인정하여 손실보상을 인용하는 결정은 이처럼 보상 신청인에게 유리하도록 그리고 현장 경찰관의 부담을 경감하기 위한 취지로 이루어진 것으로서 어느 정도 현실적 필요성을 긍정할 수 있다. 그러나 이와 같은 적법성 여부의 판단 모습은 경찰관 직무집행법과 국가배상법의 체계적인 해석·적용과 관련하여 문제될 수 있다. 또한 경찰관의 적법한 법집행에도 부정적인 영향을 미칠 수 있는바, 자칫 현장에 임하는 경찰관의 법규정 준수 및 신중한 법집행에 역행하는 결과를 초래할 수도 있다.

행정상 손실보상이 공익을 위하여 개인에게 부과된 특별한 희생을 사회 전체가 분담한다는 사회적 공평분담을 그 기반으로 하고 있고,[154] 행정상 손해배상 역시 그 재원이 세금에 의하여 형성되며 국가에 대한 배상책임이 인정되는 경우 사회전체의 부담으로 환원되는 것이라는 점에서 행정상 손실보상의 문제와 손해배상의 문제를

의 차량(벤츠 승용차) 보닛 위에 가방을 올려두고 서류를 정리하였다. 차량을 확인한 상대방은 가방 때문에 자국이 생겼고 물티슈로도 지워지지 않는다며 현장에서 항의하였고, 수리비와 렌트비 등 1,357,590원을 청구하였다. 이 사례에서 손실보상심의위원회는 '현장 경찰관의 경미한 실수는 있었으나 음주측정과정에서 충분히 발생할 수 있음'을 이유로 직무집행의 적법성을 인정하며 손실보상청구를 일부 인용하고 있다.(서울청 2017년 8월 사례); 교통사고 현장조치 과정에서 경찰관이 운전자의 휴대폰으로 사진을 찍던 중 휴대폰을 떨어뜨린 경우(서울청 2016년 10월)와 과태료 체납차량 번호판 영치 과정에서 번호판 고정장치를 손상시킨 경우(서울청 2017년 1월 사례)에 보상청구를 인용한 사례도 있다.

154 김동희, 앞의 책, 603쪽.

반드시 엄격히 구별해야만 하는 것은 아니다. 특히 손해의 전보를 요구하는 피해자의 입장에서는 손실보상이든 손해배상이든 재산상 손실에 대하여 충실히 구제받는 것이 중요하다.[155] 이번 개정권고안에서는 문제를 제기하는 정도로 검토하고 있지만, 향후 이러한 관점에서 경찰관의 위법한 직무집행에 대해서도 손실보상을 인정하는 입법적 개선 방안을 고려해 볼 필요가 있다. 경찰관 직무집행법에서의 손실보상에 위법한 직무집행의 경우를 포함시키는 경우 손실보상 실무 운용에서 국가배상법의 위법성에 대한 학설·판례와 다른 해석의 모습을 보일 이유가 없게 되며, 적법한 직무집행에 한정된 손실보상 규정의 무리한 적용 없이도 충실한 손해의 전보가 확보될 수 있다.

위법한 직무집행까지 포함하는 입법적 보완은 위법·무책(무과실)한 경찰작용에 대한 피해구제에 있어서도 의미를 갖는다. 현행 국가배상청구에 있어서는 위법성 요건에 더하여 고의·과실 요건 특히 과실의 존재가 손해배상의 중요한 요소가 된다. 이로 인해 위법하지만 과실이 존재하지 않는 경우의 손해전보가 늘 논란이 되어 왔다. 이에 대한 여러 해결책이 제시되고, 특히 독일의 수용유사침해이론이 우리 학계에서 검토되어 왔지만 이의 인정 여부에 대해서는 이견이 있다. 위법한 경찰관의 직무집행에 대한— 과실 여부와는 상관없는— 손실보상 규정이 도입되는 경우 이러한 논란은 더 이상 필요치 않다.[156] 우리와 달리 독일의 주경찰법들은 직무집행이 위법한 경우에도 손실보상이 행해질 수 있는 것으로 규정하고 있다. 독일의 모범초안(VEMEPolG) 제45조 제1항 제2문에서 경찰의 조치가 위법한 경우에도 보상이 이루어질 수 있는 법률모델을 제시하고 있고, 예컨대 헤센주 공공의 안녕과 질서법(§64 I HessSOG)이나 베를린 공공의 안녕과 질서법(§59 II BerlASOG)이 이를 따르는 규정을 두고 있다. 바이에른주 경찰직무법(BayPAG)은 피해를 발생케 하는 경찰작용의 적법·위법 여부를 구별하지 않으면서 보상청구권을 인정하고 있다.[157]

---

155 손실보상과 손해배상을 행정상 손해전보의 관념하에서 통합적으로 고찰하는 것이 바람직하다는 견해로는 박균성, 행정상 손해전보(국가보상)의 개념과 체계, 남하 서원우 교수 화갑기념논문집, 1991, 473쪽 이하 참조.
156 위법한 경찰작용에 대하여도 손실보상규정을 둘 것을 제안하는 견해로는 김병기, 경찰상 권리구제 확대방안으로서의 손실보상제도의 법제화, 한국경찰법학회 제28차 학술회의 자료집(2008. 10), 27쪽; 정남철, 경찰작용과 손실보상, 행정법연구 제41호(2015. 2). 153쪽 이하.
157 "Art. 87 Entschädigungsanspruch
(1) Erleidet jemand, gegen den Maßnahmen nach Art. 10 getroffen worden sind, einen Schaden, so ist dem Geschädigten dafür Entschädigung zu leisten, soweit der Schaden

위법한 직무집행에 대해서도 손실보상을 인정하는 경우 개개의 직무집행에서 경찰관의 준법의지의 약화, 권한남용 가능성이 지적될 수도 있지만, 오히려 손실보상이 가능하다는 점에서 심의 시 현재보다 엄격하게 직무수행의 적법·위법에 대한 판단이 행해질 수 있고, 그에 따라 경찰관의 책임을 묻는다면 결과적으로 더 강하게 경찰관의 적법한 직무집행을 유도하게 된다. 또한 국가배상법에서와 같이 보상 시 경찰관 개인에 대한 고의나 중과실을 요건으로 하는 국가의 구상권 행사 규정을 함께 명시한다면 권한남용 등 위법한 직무집행의 우려도 줄일 수 있을 것이다.

---

durch die polizeiliche Maßnahme entstanden ist und der Geschädigte nicht von einem anderen Ersatz zu erlangen vermag." 이 규정에 따른 보상에서 직무집행의 적법 혹은 위법이 문제되지 않는다는 해설로는 Berner/Köhler, Polizeiaufgabengesetz, 17. Aufl., Art. 70 Rn. 2. 참조.

12. 제12조(국제협력)   [서정범·김성태]

현 경찰관 직무집행법	개정권고안
제8조의2(국제협력) 경찰청장 또는 해양경찰청장은 이 법에 따른 경찰관의 직무수행을 위하여 외국 정부기관, 국제기구 등과 자료 교환, 국제협력 활동 등을 할 수 있다.	제12조(국제협력) 경찰청장 또는 해양경찰청장은 이 법에 따른 경찰관의 직무수행을 위하여 외국 정부기관, 국제기구 등과 자료 교환, 국제협력 활동 등을 할 수 있다.

1) 현행 경찰관 직무집행법 제8조의2의 제정배경

9·11 사태를 시점(始點)으로 하여 촉발된 새로운 치안 환경을 고려할 때, 이제 경찰상의 위험은 한 나라의 경찰력만으로는 충분하게 대처할 수 없는 상황에 이르렀다. 이에 근래의 글로벌화된 경찰상의 위험에 효과적으로 대처하기 위하여는 필연적으로 각국의 경찰이 서로 공조 체제를 굳건히 구축하여야 할 필요성이 있다는 인식이 생겨나게 되었다.

이러한 사정에 기초하여 2014년 5월 20일의 경찰관 직무집행법 개정을 통하여 동법 제2조 제6호에 경찰관의 직무의 하나로 '외국 정부기관 및 국제기구와의 국제협력'이 규정되게 되었으며, 제8조의2에 "경찰청장 또는 해양경찰청장은 이 법에 따른 경찰관의 직무수행을 위하여 외국 정부기관, 국제기구 등과 자료 교환, 국제협력 활동 등을 할 수 있다."라는 규정이 신설되었다.

2) 현행 경찰관 직무집행법 제8조의2의 기능

'외국 정부기관 및 국제기구와의 국제협력'을 동법 제2조 제6호에 경찰관의 직무로 규정하는 것 이외에, 제8조의2를 별도로 신설한 이유에 대하여는 약간의 이론(異論)이 있을 수 있다. 그러나 적어도 제2조의 규정위치나 규정방식이 직무규범(Aufgabenorm)으로 되어 있어, 제2조 제6호에만 근거하여 외국정부기관 등과의 협력을 행할 수 있는지가 논란이 될 소지가 있음을 고려한 입법이라고 이해할 수 있다. 즉, 국제협력의 방식이 개인정보의 교부와 같은 형식으로 이루어지는 경우에는 개인정보자기결정권 등과 같은 기본권을 침해할 소지가 있음을 고려할 때, 법률에 의문의 여지없는 권한규범(Befugnisnorm)이 필요하다는 점을 고려한 입법이라고 볼 수 있다.

물론 워킹그룹이 제안하는 바와 같은 개괄적 수권조항(또는 일반조항)이 입법에 반영된다면 현행 경찰관 직무집행법 제8조의2가 갖는 의미는 상대적으로 반감될 수 있다. 그러나 그 경우에도 동조는 선언적 의미를 갖는 개별적 수권조항으로 기능할 수 있다고 생각된다.

3) 경찰관 직무집행법 제8조의2의 문제점

경찰관 직무집행법 제8조의2를 국제협력을 허용하는 권한규범으로 볼 수 있다는 것을 인정하는 경우에도 법이론상 약간의 문제점이 존재하는바, 그것은 동조의 규정 방식이 다소 포괄적이고 불분명하다는 것이다. 이로 인하여 과연 동조가 개인정보의 교부와 같이 기본권을 침해하는 작용에 대해서도 독자적으로 충분한 수권규정이 될 수 있는지에 대한 의문이 생겨나게 된다. 또한 동조는 국제협력을 위한 요건으로 극히 일반적이고 포괄적인 '직무수행을 위하여'만을 규정하고 있는바, 이를 별도의 제약 없이 기본권 침해성이 인정되는 개인정보의 교환 등과 관련하여 국제협력이 이루어질 수 있는 것으로 해석하고 집행하는 경우 법치행정의 원리의 내용을 이루는 규범명확성의 원칙에 반하게 되는 문제점이 있다. 따라서 제8조의2가 법이론상의 문제점을 야기하지 않고 제대로 기능하려면 동조에 따른 국제협력의 요건을 보다 구체화하는 것이 바람직하고, 아울러 개인정보 보호법을 준용하는 규정도 고려할 필요가 있다.

4) 결어

제8조의2가 전술한 바와 같은 문제점을 안고 있다고는 하나 아직 국제협력의 요건 등에 관한 충분한 논의가 없는 현재의 상황과 경찰관 직무집행법의 다른 조문들의 규율 형태 내지 밀도를 고려하면, 현재로서는 현행 경찰관 직무집행법 제8조의2 이상의 규정을 마련하는 것은 쉽지 않다. 또한 동조는 현재의 규정형태만으로도 경찰관 직무집행법 제2조 제6호 등과 결합하는 경우 기본권 침해적 조치의 적법성을 인정하는 근거규정으로서 (재판기관으로부터) 인정될 가능성도 있다는 장점을 갖고 있다. 따라서 동조는 그대로 존치시켜도 무방하다고 생각한다.

13. 제13조(유치장)   [서정범]

현 경찰관 직무집행법	개정권고안
제9조(유치장) 법률에서 정한 절차에 따라 체포·구속된 사람 또는 신체의 자유를 제한하는 판결이나 처분을 받은 사람을 수용하기 위하여 경찰서와 해양경찰서에 유치장을 둔다.	제13조(유치장) ① 법률에서 정한 절차에 따라 체포·구속된 사람 또는 신체의 자유를 제한하는 판결이나 처분을 받은 사람을 수용하기 위하여 경찰서와 해양경찰서에 유치장을 둔다. ② 입감절차 등 유치장의 운영에 관하여 필요한 사항은 따로 법률로 정한다. ③ 유치장의 시설에 관한 사항은 대통령령으로 정한다.

근래 들어 유치장[158]과 관련된 유치인의 인권(특히 유치장에의 입감절차 및 운영, 유치장 시설 등과 관련된 인권)에 대한 관심이 고조되고 있으며, 최근에도 국가인권위원회는 경찰이 유치장 보호유치실 화장실 가림막을 설치하지 않고 수갑을 과도하게 사용하는 것을 인권 침해에 해당한다고 판단한 바 있다.[159] 이처럼 유치장의 시설이나 운용에 인권을 침해하는 요소가 있다면, 그에 대하여는 반드시 법률로 규율하여야 함이 마땅하다. 그러나 그럼에도 불구하고 아직까지 유치장에 관한 사항을 규율하는 법률체계는 미흡한 수준에 머물러 있다. 즉, 유치장에 관한 사항을 총괄적으로 규율하는 단일의 법률은 존재하지 않으며, 경찰관 직무집행법[160]과 「형의 집행 및 수용자의 처우에 관한 법률」[161] 및 「즉결심판에 관한 절차법」[162]에 유치장과 관련된 단편적

---

158 유치장이란 법률이 정한 절차에 따라 체포·구속되거나 신체의 자유를 제한하는 판결 또는 처분을 받은 자를 수용하기 위하여 경찰서 및 지방해양경찰관서에 두는 일시적 구금장소를 말한다.

159 국가인권위원회의 판단 대상이 되었던 사안 및 그에 대한 국가인권위원회의 결정 내용에 관하여 보다 구체적인 사항에 대하여는 서울신문, 2020. 1. 24., 제8면의 기사를 참고하기 바란다.(https://www.seoul.co.kr/news/newsView.php?id=20200124008009&wlog_tag3=naver 최종검색: 2020. 7. 3.).

160 경찰관 직무집행법 제9조는 "경찰서 및 지방해양경찰관서에 법률이 정한 절차에 따라 체포·구속되거나 신체의 자유를 제한하는 판결 또는 처분을 받은 자를 수용하기 위하여 유치장을 둔다"고 규정하고 있다.

161 「형의 집행 및 수용자의 처우에 관한 법률」 제8조는 "경찰관서에 설치된 유치장은 교정시설의 미결수용실로 보아 이 법을 준용한다."고 규정하고 있다.

162 「즉결심판에 관한 절차법」 제17조 제1항은 "판사는 구류의 선고를 받은 피고인이 일정한 주소가 없거나 또는 도망할 염려가 있을 때에는 5일을 초과하지 아니하는 기간 경찰서유치장(지방해양경찰관서의 유치장을 포함한다. 이하 같다)에 유치할 것을 명령할 수 있다. 다만, 이 기간은 선고기간을 초과할 수 없다."고 규정하고 있다.

규정이 있을 뿐이다. 한편 유치장과 관련하여 인권침해의 소지가 가장 많은 입감절차(특히 신체검사) 및 시설 등에 관하여는 행정규칙의 성질을 갖는 「피의자 유치 및 호송규칙」[163]과 「유치장 설계 표준 규칙」[164]이 정하고 있는 실정이다.

이 같은 사정으로 인하여 유치장과 관련된 법적 규율을 둘러싸고 많은 문제가 제기되고 있는바, 이하에서는 그들 문제 중 경찰관 직무집행법의 개정과 관련지어 생각해볼 수 있는 문제점 및 개정방향에 대해서만 간략히 서술하기로 한다.

1) 입감절차 등을 규율하는 법률 규정의 정립

(1) 문제점

경찰관 직무집행법 제9조에 유치장에 관한 규정이 있다고는 하나 그것은 단지 유치장의 설치 근거라는 의미를 가질 뿐이며, 동조는 입감절차(특히 신체검사 등)에 관하여 아무런 규정도 갖고 있지 않다. 그리고 전술한 바와 같이 이들 사항에 관하여는 전적으로 「피의자 유치 및 호송규칙」이 규율하고 있다. 그러나 인권 침해의 위험성이 가장 큰 입감절차[165] 등을 법규의 성질을 갖지 못하는 훈령의 방식으로 규율하는 것은 법이론상 도저히 받아들이기 곤란하다고 생각한다.

(2) 개정방향

앞에서 본 바와 같은 문제점을 고려할 때 유치장에의 입감절차, 수갑의 사용, 접견, 석방 등에 관하여는 별도의 (단일)법률로 상세하게 규정하는 것이 바람직하다고 생각한다. 이 경우 현행 경찰관 직무집행법 제9조의 유치장 설치근거에 관한 규정을 경찰관 직무집행법에서는 삭제하고, 별도로 제정되는 법률에 포함시키는 것이 입법체계상 타당하다고 생각한다.[166]

---

163 (경찰청) 피의자 유치 및 호송 규칙[경찰청훈령 제952호, 2019. 9. 26., 일부개정], (해양경찰청) 피의자 유치 및 호송규칙[해양경찰청훈령 제130호, 2019. 7. 10., 일부개정].

164 (경찰청) 유치장 설계 표준 규칙[경찰청 예규 제564호, 2020. 7. 16., 일부개정], (해양경찰청) 유치장 설계 표준 규칙[해양경찰청훈령 제130호, 2019. 7. 10., 일부개정].

165 특히 입감시의 알몸수색이 인권침해의 위험성을 내포하고 있음은 쉽게 상정할 수 있는바, 실제로 2000년 3월 민주노총 소속 선거법피의자를 성남 남부경찰서에, 2000년 10월 전교조소속 교사들을 서울 중부경찰서에 입감시키는 과정에서의 알몸수색이 문제된 바 있다. 특히 전자의 경우에 대해서는 정신적 손해에 대한 국가배상책임이 법원에 의해 인정된 바 있다(서울지법 2000. 11. 10. 선고 2000가합35295 판결).

166 이는 경찰관 직무집행법이 주로 경찰'작용'에 관한 사항을 규율하고 있는 점을 고려할 때, 유치장에 관한 사항을 경찰관 직무집행법에서 규정하는 것은 입법체계상 불합리하다는 사고에 기초하고 있다.

다만 별도의 (단일)법률을 제정하는 것이 입법기술상의(특히 시기) 사정으로 여의치 않다면, 현실적으로 유치장의 설치 근거를 경찰관 직무집행법에 그대로 두는 것 이외에는 사실상 다른 방법이 없다고 생각한다. 이처럼 경찰관 직무집행법에 유치장 조항을 그대로 두는 경우, 관련된 개별 법규에서의 규율필요성을 확인하는 차원에서 동조 제2항 "입감절차 등 유치장의 운영에 관하여 필요한 사항은 따로 법률로 정한다"라는 취지의 규정을 두면 될 것이다.

2) 유치장시설에 관한 법률규정의 정립

(1) 문제점

유치장 내의 시설, 특히 화장실과 관련하여서는 이미 2001년의 헌법재판소의 결정[167]을 통하여 그의 위헌성이 확인된 바 있으며, 동 결정의 취지에 따라 경찰 스스로도 경찰서 유치장의 환경을 개선하기 위한 노력을 경주해왔다.[168] 그러나 그럼에도 불구하고 경찰서 유치장의 시설은 인권 침해적 소지가 많다는 지적이 끊이지 않았으며, 국가인권위원회 또한 경찰서 유치장 시설이 인권 침해 요소를 갖는다는 결정을 행한 바 있다. 따라서 유치장 시설에 관한 기본적 사항 또한 법규의 성질을 갖는 법령으로 규율함이 마땅하고 할 것인바, 현재 유치장 시설에 관한 특별한 입법은 존재하지 않는 실정이다.

(2) 개정방향

전술한 바와 같은 유치장 환경개선을 위한 노력이 많이 행하여졌다고는 하지만, 이 같은 사실적 변화만으로 유치장 시설에 관한 법적 문제가 해결되는 것은 아니다. 생각건대 유치장에 관한 (단일)법률의 제정이 여의치 않다면, 경찰관 직무집행법 제9조 제3항에 "유치장시설에 관한 사항은 대통령령으로 정한다."라는 취지의 규정을

---

[167] 영등포경찰서 유치장 내의 화장실 시설이 문제가 되었던 사건에서 헌법재판소는 "청구인들이……영등포경찰서 유치장에 수용되어 있는 동안 차폐시설이 불충분하여 사용과정에서 신체부위가 다른 유치인들 및 경찰관들에게 관찰될 수 있고, 냄새가 유출되는 실내화장실을 사용하도록 강제한 피청구인의 행위는 헌법 제10조에 의하여 보장되는 청구인들의 인격권을 침해한 것으로 위헌임을 확인한다"고 하여 유치장 내 화장실설치 및 관리행위의 위헌을 확인한 바 있다(헌법재판소 2001. 7. 19. 선고 2000헌마546 결정).

[168] 이러한 노력은 유치장 환경개선을 위한 사실적인 측면에 그치지 않고, 이론적 연구 또한 병행되었는바, "(유치인 인권존중을 위한) 유치장 표준설계"라는 제목의 연구보고서(경찰청, 2013)의 출간은 그러한 노력의 결실이라고 사료된다.

두고, 현행 유치장 설계 표준 규칙의 내용을 정비하여 대통령령에 규정하면 된다고 생각한다.[169]

한편 유치장 시설에 관한 규정을 마련하는 경우 단순히 현행 「유치장 설계 표준 규칙」을 답습하는 수준에서 진일보하여, UN 「피구금자 처우에 관한 최저기준 규칙」(Standard Minimum Rules for the Treatment of Prisoners, 넬슨 만델라규칙)[170]이나 「유럽 형사 시설 규칙」(European Prison Rules)[171] 등과 같은 국제적 요청을 고려하여야 할 것이다.

---

169 입감절차에 관한 것은 '법률'로 정할 것을 강조하면서, 유치장 시설에 관한 것은 '대통령령'으로 정하면 된다고 생각하는 이유는 다음과 같다. 즉,
① 유치장 시설에 관한 사항 역시 인권침해의 소지가 다분하나, 그 강도면에서 볼 때 입감절차 등에 비하여 인권침해의 소지가 상대적으로 덜한 면이 있다.
② 입법기술상의 문제로, 시설에 관한 구체적 내용을 법률로 규정하는 경우 시설 기준의 변경에 따른 지나치게 잦은 법률 개정의 필요성이 생겨난다.

170 UN 「피구금자 처우에 관한 최저기준 규칙」은 1955년 8월 30일, 제1회 국제연합 범죄방지 및 범죄자 처우회의에서 채택된 것으로 1957년 7월 31일 국제연합 경제사회이사회 결의 663 C(24)로서 승인된 것이다. 그 후 1977년 5월 13일, 경제사회이사회 결의 2076(62)로 수정되어 제95조가 새로 추가되고 2015년 12월 17일, 국제연합 총회 결의로 전면 개정되었는바, 특히 주거설비에 관한 동 규칙 제12조에서 17조까지는 유치장 시설에 관한 규정을 마련할 때 참고할 만하다고 생각된다.
한편 UN 「피구금자 처우에 관한 최저기준 규칙」의 전문(全文)은 다음의 인터넷 페이지 참조: www.cathrights.or.kr/bbs/view.html?idxno=22766. 최종검색: 2020.7.3.

171 「유럽 형사시설규칙」은 유럽 이사회(Council of Europe)가 구속 수감자의 처우 및 구금 시설 관리에 관한 원칙을 제공하기 위하여 제정한 것으로 법적 구속력은 갖지 못하는데, 동 규칙 제17조는 "위생상의 설비 및 장치는 피구금자의 필요성을 충족하고, 청결 및 품위있는 것이어야 한다"고 규정하고 있다. 한편 「유럽 형사시설규칙」에 관하여 보다 자세한 것은 https://en.wikipedia.org/wiki/European_Prison_Rules 참조. 최종검색: 2020. 7. 3.

14. 제14조(벌칙)   [서정범]

현 경찰관 직무집행법	개정권고안
제12조(벌칙) 이 법에 규정된 경찰관의 의무에 위반하거나 직권을 남용하여 다른 사람에게 해를 끼친 자는 1년 이하의 징역이나 금고에 처한다.	제14조(벌칙) 이 법에 규정된 경찰관의 의무에 위반하거나 직권을 남용하여 다른 사람에게 해를 끼친 자는 1년 이하의 징역이나 금고, 또는 100만원 이하의 벌금에 처한다.

1) 경찰관의 의무위반 등에 대한 벌칙규정의 폐지문제

현행 경찰관 직무집행법 제12조는 "이 법에 규정된 경찰관의 의무에 위반하거나 직권을 남용하여 다른 사람에게 해를 끼친 자는 1년 이하의 징역이나 금고에 처한다"고 규정하고 있다. 그런데 동 조항에 대하여는 주로 현직 경찰관들로부터 경찰관의 의무위반이나 직권남용은 이미 형법에 의하여 처벌되고 있으므로, 경찰관 직무집행법에 제12조와 같은 별도의 처벌규정을 둘 필요가 없다는 반론이 나타나고 있다. 그러나 경찰관 직무집행법 제12조는 경찰관의 의무위반이나 직권남용이 형법상 범죄를 구성하지 않는 경우에도, 그를 처벌하겠다는 입법자의 의사가 투영된 것이라고 할 수 있다. 그리고 이러한 입법자의 의사는 (그러한 의사가 법이론상 받아들일 수 없는 결정적 문제점을 안고 있지 않는 한) 존중되어야 한다고 생각하며, 따라서 제12조의 벌칙 규정 자체의 폐지요구는 받아들이기 어렵다고 생각한다.

2) 징역형과 벌금형의 선택적 규정문제

현행 경찰관 직무집행법 제12조의 존치 근거를 1)에서와 같이 경찰관의 의무위반이나 직권남용이 형법상 범죄를 구성하지 않는 경우에도 처벌하겠다는 입법자의 의사를 천명한 것이라고 하면, 동법 제12조는 경찰관의 의무위반이나 직권남용이 형법상 범죄를 구성하지 않는 경우에 적용되는 보충적 규정의 성격을 띠고 있다는 해석이 가능하다.

그런데 이처럼 동법 제12조는 보충적 규정의 성격을 갖고 있음에 불과할 뿐임에도 불구하고, 동법은 법정형으로 (벌금 등 재산형과의 선택을 규정함이 없이) 자유형인 1년 이하의 징역이나 금고만을 규정하고 있다. 그 결과 형법상 범죄를 구성하지 않는 (상대적으로) 경미한 의무위반행위가 있을 뿐인 경우에도 동조에 근거하여 기소되어

유죄의 판결을 받게 되면 당연퇴직되게 되는[172] 문제점이 있다는 점을 지적하는 견해 또한 존재한다. 이러한 견해는 경찰관 직무집행법 제12조의 벌칙조항이 경찰관의 사기를 저하시키고 적극적인 직무수행의 의지를 위축시키는 결과를 가져오게 된다는 것을 논거로 한다. 그리고 이러한 견해에 기초하여 벌칙 규정은 그대로 존치시키되, 법정형을 1년 이하의 징역이나 금고 이외에 벌금형을 선택적으로 규정하는 방안을 고려할 것이 지적되기도 한다.[173]

생각건대 벌칙규정이 갖는 보충적 성격을 고려할 때, 벌칙규정에 벌금형을 선택적으로 규정하는 것은 고려할 만하다고 생각한다. 한편 벌금형을 선택적으로 규정하는 경우 그 상한액을 어떻게 정할 것인가의 문제가 남게 되는바, 다른 법률에서 징역형과 벌금형을 처벌조항에 병기하는 일반적 예를 고려하여 '100만원 이하'로 규정하면 무리가 없으리라고 생각된다.

3) 벌칙조항의 신설문제

현행 경찰관 직무집행법 제4조 제2항(개정권고안 제8조 제4항)의 긴급구호요청을 거절한 자 등에 대하여 벌칙규정을 신설하자는 주장 또한 유력하며, 이러한 주장은 긴급구호의 필요성이나 급박성을 고려할 때 충분히 설득력을 갖는다고도 생각된다. 그러나 이를 벌칙조항으로 의율하는 것에 대한 국민들의 저항감 또한 상당한 수준에 이르고 있는바, 이러한 국민들의 법감정 등을 고려할 때 아직은 벌칙조항의 신설은 곤란하다고 생각한다.

---

172 경찰공무원법 제7조 참조.
173 경찰청, 경찰관직무집행법해설, 2001, 163쪽 등.

현 경찰관 직무집행법	개정권고안
제1조(목적) ① 이 법은 국민의 자유와 권리를 보호하고 사회공공의 질서를 유지하기 위한 경찰관(국가경찰공무원만 해당한다. 이하 같다)의 직무 수행에 필요한 사항을 규정함을 목적으로 한다. ② 이 법에 규정된 경찰관의 직권은 그 직무 수행에 필요한 최소한도에서 행사되어야 하며 남용되어서는 아니 된다.	제1조(목적) 이 법은 사람의 자유와 권리를 보호하고 사회공공의 질서를 유지하기 위한 경찰관(국가경찰공무원과 자치경찰공무원만 해당한다. 이하 같다)의 직무 수행에 필요한 사항을 규정함을 목적으로 한다.
제2조(직무의 범위) 경찰관은 다음 각 호의 직무를 수행한다. 〈개정 2018.4.17〉 1. 국민의 생명·신체 및 재산의 보호 2. 범죄의 예방·진압 및 수사 2의2. 범죄피해자 보호 3. 경비, 주요 인사(인사) 경호 및 대간첩·대테러 작전 수행 4. 치안정보의 수집·작성 및 배포 5. 교통 단속과 교통 위해(위해)의 방지 6. 외국 정부기관 및 국제기구와의 국제협력 7. 그 밖에 공공의 안녕과 질서 유지	제2조(직무의 범위) ① 경찰관은 다음 각 호의 직무를 수행한다. 1. 사람의 생명·신체 및 재산의 보호 2. 범죄의 예방·진압 및 수사 3. 범죄피해자 보호(별도의 호 지정) 4. 경비, 주요 인사 경호 및 대간첩·대테러 작전 수행 5. 범죄 및 위해방지를 위한 정보의 수집 등 처리 6. 교통 단속과 교통 위해의 방지 7. 외국 정부기관 및 국제기구와의 국제협력 8. 그 밖의 공공의 안녕과 질서 유지 ② 경찰관은 다른 법령에 의해 경찰에 위임된 사무를 처리한다.(신설) ③ 법원에 의한 권리구제가 적시에 행해질 수 없고, 경찰의 개입 없이는 사인의 권리의 실현이 불가능하거나 현저히 곤란한 경우에는 경찰관은 이 법률에 따라 사권의 보호를 위해 개입할 수 있다.(신설)

제3조(불심검문) ① 경찰관은 다음 각 호의 어느 하나에 해당하는 사람을 정지시켜 질문할 수 있다.
1. 수상한 행동이나 그 밖의 주위 사정을 합리적으로 판단하여 볼 때 어떠한 죄를 범하였거나 범하려 하고 있다고 의심할 만한 상당한 이유가 있는 사람
2. 이미 행하여진 범죄나 행하여지려고 하는 범죄행위에 관한 사실을 안다고 인정되는 사람

② 경찰관은 제1항에 따라 같은 항 각 호의 사람을 정지시킨 장소에서 질문을 하는 것이 그 사람에게 불리하거나 교통에 방해가 된다고 인정될 때에는 질문을 하기 위하여 가까운 경찰서·지구대·파출소 또는 출장소(지방해양경찰관서를 포함하며, 이하 "경찰관서"라 한다)로 동행할 것을 요구할 수 있다. 이 경우 동행을 요구받은 사람은 그 요구를 거절할 수 있다. 〈개정 2014.11.19, 2017.7.26〉

③ 경찰관은 제1항 각 호의 어느 하나에 해당하는 사람에게 질문을 할 때에 그 사람이 흉기를 가지고 있는지를 조사할 수 있다.

④ 경찰관은 제1항이나 제2항에 따라 질문을 하거나 동행을 요구할 경우 자신의 신분을 표시하는 증표를 제시하면서 소속과 성명을 밝히고 질문이나 동행의 목적과 이유를 설명하여야 하며, 동행을 요구하는 경우에는 동행 장소를 밝혀야 한다.

⑤ 경찰관은 제2항에 따라 동행한 사람의 가족이나 친지 등에게 동행한 경찰관의 신분, 동행 장소, 동행 목적과 이유를 알리거나 본인으로 하

제3조(비례의 원칙) ① 경찰의 조치는 목적달성에 적합하여야 한다.
② 다수의 적합한 조치가 존재하는 경우, 경찰은 개인과 공중에게 가장 적은 피해를 줄 것으로 예견되는 조치를 취하여야 한다.
③ 경찰의 조치는 그 조치를 통해 얻어지는 이익보다 더 큰 불이익을 초래하여서는 아니 된다.

제4조(직무질문 등) ① 경찰관은 다음 각 호의 어느 하나에 해당하는 사람을 정지시켜 질문할 수 있다.
1. 수상한 행동이나 그 밖의 주위 사정을 합리적으로 판단하여 볼 때 어떠한 죄를 범하였거나 범하려 하고 있다고 의심할 만한 상당한 이유가 있는 사람
2. 그 밖에 위해방지를 위하여 상당한 이유가 있는 경우

② 경찰관은 제1항에 따라 사람을 정지시켜 질문하는 경우 신원이나 거주관계를 확인할 필요가 있으면 신분증의 제시를 요구할 수 있고, 이에 응하지 않는 경우 지문대조·채취, 사진촬영 등 필요한 범위 내에서 최소한의 조치를 할 수 있다.

③ 경찰관은 제1항 각 호의 어느 하나에 해당하는 사람에게 질문을 할 때에 그 사람이 흉기를 가지고 있는지를 조사할 수 있다.

④ 경찰관은 제1항이나 제2항에 따라 질문을 하거나, 신원, 거주관계 확인을 요구할 경우 정복근무 중인 경우 이외에는 자신의 신분을 표시하는 증표를 제시하면서 소속과 성명을 밝히고 질문이나 신원, 거주관계 확인의 목적과 이유를 설명하여야 한다.

⑤ 제1항부터 제3항까지의 규정에 따라 직무질문, 신원 및 거주관계 확인, 흉기조사를 요구받은 사람은 형사소송에 관한 법률에 따르지 아니하고는 신체를 구속당하지 아니하며, 그 의사에 반하여 답변을 강요당하지 아니한다.

여금 즉시 연락할 수 있는 기회를 주어야 하며, 변호인의 도움을 받을 권리가 있음을 알려야 한다.
⑥ 경찰관은 제2항에 따라 동행한 사람을 6시간을 초과하여 경찰관서에 머물게 할 수 없다.
⑦ 제1항부터 제3항까지의 규정에 따라 질문을 받거나 동행을 요구받은 사람은 형사소송에 관한 법률에 따르지 아니하고는 신체를 구속당하지 아니하며, 그 의사에 반하여 답변을 강요당하지 아니한다.

제4조(보호조치 등) ① 경찰관은 수상한 행동이나 그 밖의 주위 사정을 합리적으로 판단해 볼 때 다음 각 호의 어느 하나에 해당하는 것이 명백하고 응급구호가 필요하다고 믿을 만한 상당한 이유가 있는 사람(이하 "구호대상자"라 한다)을 발견하였을 때에는 보건의료기관이나 공공구호기관에 긴급구호를 요청하거나 경찰관서에 보호하는 등 적절한 조치를 할 수 있다.
  1. 정신착란을 일으키거나 술에 취하여 자신 또는 다른 사람의 생명·신체·재산에 위해를 끼칠 우려가 있는 사람
  2. 자살을 시도하는 사람
  3. 미아, 병자, 부상자 등으로서 적당한 보호자가 없으며 응급구호가 필요하다고 인정되는 사람. 다만, 본인이 구호를 거절하는 경우는 제외한다.
② 제1항에 따라 긴급구호를 요청받은 보건의료기관이나 공공구호기관은 정당한 이유 없이 긴급구호를 거절할 수 없다.
③ 경찰관은 제1항의 조치를 하는 경우에 구호대상자가 휴대하고 있는 무기·흉기 등 위험을 일으킬 수 있는 것으로 인정되는 물건을 경찰관서에 임시로 영치(領置)하여 놓을 수 있다.
④ 경찰관은 제1항의 조치를 하였을 때에는 지체 없이 구호대상자의 가족, 친지 또는 그 밖의 연고자에게 그 사실을 알려야 하며, 연고자가 발견되지 아니할 때에는 구호대상자를 적당한 공공보건의료기관이나 공공구호기관에 즉시 인계하여

야 한다.

⑤ 경찰관은 제4항에 따라 구호대상자를 공공보건의료기관이나 공공구호기관에 인계하였을 때에는 즉시 그 사실을 소속 경찰서장이나 해양경찰서장에게 보고하여야 한다. 〈개정 2014.11.19, 2017.7.26〉

⑥ 제5항에 따라 보고를 받은 소속 경찰서장이나 해양경찰서장은 대통령령으로 정하는 바에 따라 구호대상자를 인계한 사실을 지체 없이 해당 공공보건의료기관 또는 공공구호기관의 장 및 그 감독행정청에 통보하여야 한다. 〈개정 2014.11.19, 2017.7.26〉

⑦ 제1항에 따라 구호대상자를 경찰관서에서 보호하는 기간은 24시간을 초과할 수 없고, 제3항에 따라 물건을 경찰관서에 임시로 영치하는 기간은 10일을 초과할 수 없다.

제5조(사실확인과 개인정보의 처리) ① 경찰관은 제2조의 직무를 수행하기 위하여 필요한 한도 내에서 개인정보를 수집·이용할 수 있다.

② 경찰관서의 장은 직무수행에 필요하다고 인정되는 상당한 이유가 있을 때에는 국가기관이나 공사단체 등에 직무수행에 관련된 사실을 조회할 수 있다. 다만, 긴급한 경우에는 소속 경찰관으로 하여금 현장에 나가 해당 기관 또는 단체의 장의 협조를 받아 그 사실을 확인하게 할 수 있다.

③ 개인정보의 수집은 다른 법률에 특별한 규정이 있거나 직무수행을 위해 불가피한 경우를 제외하고는, 정보주체의 동의를 받아 공개적으로 하여야 한다.

④ 개인정보 보호법 제23조 제1항에 따른 민감정보는 범죄수사 대비나 공공의 안녕질서에 대한 중대한 위험방지를 위하여 필요한 경우에 한하여 수집, 분석할 수 있으며, 이 경우에도 개인정보 보호법 제29조 따라 개인정보 보호를 위한 안전조치를 하여야 한다.

⑤ 경찰관은 제2조의 직무를 수행하기 위하여

필요한 경우 영상정보처리기기를 신체에 착용 또는 휴대하거나 이동 가능한 물체에 부착 또는 거치하여 사람 또는 사물의 영상과 음성 등을 녹화·녹음하는 등 개인정보를 처리할 수 있다. 단, 신체에 부착하여 근거리에서 영상과 음성을 녹화·녹음하는 기기는 다음 각 호에 해당하는 경우에만 사용할 수 있으며, 당사자에게 녹화·녹음 시작과 종료 전에 각각 녹화·녹음의 시작 및 종료 사실을 고지하여야 한다. 현장 상황이 긴급하여 사전 고지가 직무수행에 현저한 장해를 초래하는 경우는 녹화·녹음 후 신속히 고지하여야 한다.

1. 경찰공무원이 「형사소송법」 제200조의 2, 제200조의 3, 제201조 또는 제212조의 규정에 따라 피의자를 체포 또는 구속하는 경우

2. 범죄 수사를 위하여 필요한 경우로서 다음 각 목의 요건을 모두 갖춘 경우
가. 범행 중이거나 범행 직전 또는 직후일 것
나. 증거보전의 필요성 및 긴급성이 있을 것

3. 경찰관 직무집행법 제6조 제1항에 따른 조치를 할 경우

4. 당사자로부터 녹화 요청 또는 동의를 받은 경우

⑥ 경찰관서의 장은 수집목적의 범위에서 개인정보를 관련기관이나 제3자에게 제공(공유를 포함한다)할 수 있고, 범죄수사나 실종자·미아수색 등의 직무수행을 위해 필요한 경우 이를 공표할 수 있다. 이 경우 제공된 개인정보파일은 개인정보 보호책임자가 구체적인 수집목적에 따라 분류하여 관리·감독하고, 경찰위원회의 사후승인을 받아야 한다.

⑦ 이 법에서 규정하지 않은 개인정보의 처리 및 보호는 개인정보 보호법에 따른다.

제5조(위험 발생의 방지 등) ① 경찰관은 사람의 생명 또는 신체에 위해를 끼치거나 재산에 중대한 손해를 끼칠 우려가 있는 천재(天災), 사변(事變), 인공구조물의 파손이나 붕괴, 교통사고, 위

제6조(위해방지를 위한 퇴거 및 출입금지 등) ① 경찰관은 사람의 생명·신체 또는 재산에 대한 중대한 위해의 방지나 법질서의 유지를 위하여 필요하다고 인정되는 경우에는 다음 각 호의 조

험물의 폭발, 위험한 동물 등의 출현, 극도의 혼잡, 그 밖의 위험한 사태가 있을 때에는 다음 각 호의 조치를 할 수 있다.

1. 그 장소에 모인 사람, 사물(事物)의 관리자, 그 밖의 관계인에게 필요한 경고를 하는 것

2. 매우 긴급한 경우에는 위해를 입을 우려가 있는 사람을 필요한 한도에서 억류하거나 피난시키는 것

3. 그 장소에 있는 사람, 사물의 관리자, 그 밖의 관계인에게 위해를 방지하기 위하여 필요하다고 인정되는 조치를 하게 하거나 직접 그 조치를 하는 것

② 경찰관서의 장은 대간첩 작전의 수행이나 소요(騷擾) 사태의 진압을 위하여 필요하다고 인정되는 상당한 이유가 있을 때에는 대간첩 작전지역이나 경찰관서·무기고 등 국가중요시설에 대한 접근 또는 통행을 제한하거나 금지할 수 있다.

③ 경찰관은 제1항의 조치를 하였을 때에는 지체 없이 그 사실을 소속 경찰관서의 장에게 보고하여야 한다.

④ 제2항의 조치를 하거나 제3항의 보고를 받은 경찰관서의 장은 관계 기관의 협조를 구하는 등 적절한 조치를 하여야 한다.

제6조(범죄의 예방과 제지) 경찰관은 범죄행위가 목전(目前)에 행하여지려고 하고 있다고 인정될 때에는 이를 예방하기 위하여 관계인에게 필요한 경고를 하고, 그 행위로 인하여 사람의 생명·신체에 위해를 끼치거나 재산에 중대한 손해를 끼칠 우려가 있는 긴급한 경우에는 그 행위를 제지할 수 있다.

제7조(위험 방지를 위한 출입) ① 경찰관은 제5조 제1항·제2항 및 제6조에 따른 위험한 사태가 발생하여 사람의 생명·신체 또는 재산에 대한 위해가 임박한 때에 그 위해를 방지하거나 피해

치를 할 수 있다.

1. 그 장소에 모인 사람, 사물의 관리자, 그 밖의 관계인에게 필요한 경고를 하는 것

2. 매우 긴급한 경우에는 위해를 입을 우려가 있는 사람을 필요한 한도에서 억류하거나 피난시키는 것

3. 위해를 야기하는 사람을 그 장소에서 퇴거시키거나 그 장소에의 출입을 금지시키는 것

4. 그 장소에 있는 사람, 사물의 관리자, 그 밖의 관계인에게 위해를 방지하기 위하여 필요하다고 인정되는 조치를 하게 하거나 직접 그 조치를 하는 것

② 경찰관서의 장은 대간첩·대테러 작전의 수행이나 소요 사태의 진압을 위하여 필요하다고 인정되는 상당한 이유가 있을 때에는 대간첩·대테러 작전지역이나 경찰관서·무기고 등 국가중요시설에 대한 접근 또는 통행을 제한하거나 금지할 수 있다.

③ 경찰관은 제1항의 조치를 하였을 때에는 지체 없이 그 사실을 소속 경찰관서의 장에게 보고하여야 한다.

④ 제2항의 조치를 하거나 제3항의 보고를 받은 경찰관서의 장은 관계기관의 협조를 구하는 등 적절한 조치를 하여야 한다.

제7조(위험 방지를 위한 출입) ① 경찰관은 사람의 생명·신체 또는 중대한 재산에 대한 임박한 위해가 있거나 있다고 의심할 만한 상당한 이유가 있는 경우 그 위해를 방지하거나 피해자를

자를 구조하기 위하여 부득이하다고 인정하면 합리적으로 판단하여 필요한 한도에서 다른 사람의 토지·건물·배 또는 차에 출입할 수 있다.

② 흥행장(흥행장), 여관, 음식점, 역, 그 밖에 많은 사람이 출입하는 장소의 관리자나 그에 준하는 관계인은 경찰관이 범죄나 사람의 생명·신체·재산에 대한 위해를 예방하기 위하여 해당 장소의 영업시간이나 해당 장소가 일반인에게 공개된 시간에 그 장소에 출입하겠다고 요구하면 정당한 이유 없이 그 요구를 거절할 수 없다.

③ 경찰관은 대간첩 작전 수행에 필요할 때에는 작전지역에서 제2항에 따른 장소를 검색할 수 있다.

④ 경찰관은 제1항부터 제3항까지의 규정에 따라 필요한 장소에 출입할 때에는 그 신분을 표시하는 증표를 제시하여야 하며, 함부로 관계인이 하는 정당한 업무를 방해해서는 아니 된다.

구조하기 위하여 부득이한 경우 합리적 판단에 따라 필요한 한도에서 다른 사람의 토지·건물·배 또는 차 등에 출입하여 사람, 물건 및 장소의 상태를 확인할 수 있다.

② 경찰관은 유흥시설, 숙박업소, 공연장, 음식점, 역, 그 밖에 여러 사람이 출입하는 장소에서의 범죄나 사람의 생명·신체 또는 재산에 대한 위해를 예방하기 위하여 해당 장소의 영업시간이나 일반인에게 공개된 시간에 그 장소에 출입할 수 있다. 그 장소의 관리자나 그에 준하는 관계인은 정당한 이유 없이 경찰관의 출입을 거절할 수 없다.

③ 경찰관은 대간첩 또는 대테러 작전 수행에 필요할 때에는 작전지역에서 제2항에 따른 장소를 검색할 수 있다.

④ 경찰관은 제1항부터 제3항까지의 규정에 따라 필요한 장소에 출입할 때에는 그 장소의 거주자, 관리자나 그에 준하는 관계인(관계인등)에게 신분을 표시하는 증표를 제시하고 출입 이유를 알려야 하며, 함부로 관계인등의 정당한 업무를 방해해서는 아니 된다.

⑤ 경찰관은 제1항부터 제3항까지의 규정에 따라 출입한 후에는 관계인등이 요구하는 경우 출입의 목적, 일시와 장소, 출입한 경찰관의 소속과 성명을 기재한 문서를 관계인등에게 교부하여야 한다.

⑥ 제4항과 제5항에 따른 증표의 제시와 이유를 알리는 것, 문서의 교부가 경찰관의 생명·신체에 대한 위험을 야기하거나 직무집행을 불가능하게 할 것이 명백한 때에는 이를 하지 않을 수 있다.

⑦ 제1항부터 제3항까지의 규정에 따라 경찰관이 출입하는 장소의 관계인등은 경찰관의 출입과 확인·검색을 방해하는 행위를 하여서는 아니 된다.

제8조(사실의 확인) ① 경찰관서의 장은 직무 수행에 필요하다고 인정되는 상당한 이유가 있을 때에는 국가기관이나 공사(공사) 단체 등에 직무 수행에 관련된 사실을 조회할 수 있다. 다만, 긴

급한 경우에는 소속 경찰관으로 하여금 현장에 나가 해당 기관 또는 단체의 장의 협조를 받아 그 사실을 확인하게 할 수 있다.

② 경찰관은 다음 각 호의 직무를 수행하기 위하여 필요하면 관계인에게 출석하여야 하는 사유·일시 및 장소를 명확히 적은 출석 요구서를 보내 경찰관서에 출석할 것을 요구할 수 있다.

1. 미아를 인수할 보호자 확인
2. 유실물을 인수할 권리자 확인
3. 사고로 인한 사상자(사상자) 확인
4. 행정처분을 위한 교통사고 조사에 필요한 사실 확인

제8조의2(국제협력) 경찰청장 또는 해양경찰청장은 이 법에 따른 경찰관의 직무수행을 위하여 외국 정부기관, 국제기구 등과 자료 교환, 국제협력 활동 등을 할 수 있다. 〈개정 2014.11.19., 2017.7.26〉

제8조(보호조치) ① 경찰관은 수상한 행동이나 그 밖의 주위 사정을 합리적으로 판단해 볼 때 다음 각 호의 어느 하나에 해당하는 것이 명백하고 응급구호가 필요하다고 믿을 만한 상당한 이유가 있는 사람(이하 "구호대상자"라 한다)을 발견하였을 때에는 보건의료기관이나 공공구호기관에 긴급구호를 요청하거나 경찰관서에 보호하는 등 적절한 조치를 할 수 있다.

1. 정신착란을 일으키거나 술에 취하여 자신의 생명·신체·재산에 위해를 끼칠 우려가 있는 사람
2. 자살을 시도하는 사람
3. 미아, 병자, 부상자 등으로서 적당한 보호자가 없는 사람. 다만, 본인이 구호를 거절하는 경우는 제외한다.
4. 그밖에 자유로운 의사결정을 할 수 없거나 타인의 원조를 필요로 하는 상태에 있는 사람

② 경찰관은 제1항의 경우 외에, 생명·신체에

대한 중대한 위험을 초래하는 행위가 목전에 행해지거나 계속되는 것을 제지하기 위하여 필요한 때에는 그를 행하려 하는 자에 대해서도 보호조치 등 적절한 조치를 할 수 있다.

③ 제1항과 제2항에 따른 보호조치를 위하여 경찰관서에 보호시설을 설치할 수 있으며, 그의 운영에 관한 사항은 대통령령으로 정한다.

④ 제1항에 따라 긴급구호를 요청받은 보건의료기관이나 공공구호기관은 긴급구호의 요청에 따라야 한다. 다만 긴급구호의 요청에 따를 수 없는 정당한 이유를 적시하여 소명하는 경우에는 그러하지 아니하다.

⑤ 경찰관이 제2항에 따른 보호조치를 한 경우에는 지체없이 대상자의 가족·친지 기타의 연고자에게 그 사실을 통지하여야 하며, 보호조치의 허용성 내지 그의 계속 여부에 대하여 법관의 결정을 받아야 한다.

⑥ 제1항과 제2항에 따른 조치를 하는 경우에 경찰관은 보호조치의 대상자가 휴대하고 있는 무기·흉기 등 위험을 일으킬 수 있는 것으로 인정되는 물건을 경찰관서에 임시로 영치(領置)하여 놓을 수 있다.

⑦ 경찰관이 제1항에 따른 보호조치를 한 때에는 지체없이 구호대상자의 가족·친지 기타의 연고자에게 그 사실을 통지하여야 하며, 연고자가 발견되지 아니한 때에는 구호대상자를 적당한 보건의료기관·공공구호기관 등에 즉시 인계하여야 한다.

⑧ 경찰관은 제5항의 규정에 의하여 구호대상자를 적당한 보건의료기관·공공구호기관 등에 인계한 때에는 즉시 그 사실을 소속 경찰서장 또는 해양경찰서장에게 보고하여야 한다.

⑨ 제8항에 따라 보고를 받은 소속 경찰서장이나 해양경찰서장은 대통령령으로 정하는 바에 따라 구호대상자를 인계한 사실을 지체 없이 해당 공공보건의료기관 또는 공공구호기관의 장 및 그 감독행정청에 통보하여야 한다.

⑩ 제1항과 제2항에 따라 보호조치를 하는 경우

경찰관서에서 보호하는 기간은 24시간을 초과할 수 없고, 제6항에 따라 물건을 경찰관서에 임시로 영치하는 기간은 10일을 초과할 수 없다.

제9조(유치장) 법률에서 정한 절차에 따라 체포·구속된 사람 또는 신체의 자유를 제한하는 판결이나 처분을 받은 사람을 수용하기 위하여 경찰서와 해양경찰서에 유치장을 둔다. 〈개정 2014.11.19., 2017.7.26〉

제10조(경찰장비의 사용 등) ① 경찰관은 직무수행 중 경찰장비를 사용할 수 있다. 다만, 사람의 생명이나 신체에 위해를 끼칠 수 있는 경찰장비(이하 이 조에서 "위해성 경찰장비"라 한다)를 사용할 때에는 필요한 안전교육과 안전검사를 받은 후 사용하여야 한다.
② 제1항 본문에서 "경찰장비"란 무기, 경찰장구(警察裝具), 최루제(催淚劑)와 그 발사장치, 살수차, 감식기구(鑑識機具), 해안 감시기구, 통신기기, 차량·선박·항공기 등 경찰이 직무를 수행할 때 필요한 장치와 기구를 말한다.
③ 경찰관은 경찰장비를 함부로 개조하거나 경찰장비에 임의의 장비를 부착하여 일반적인 사용법과 달리 사용함으로써 다른 사람의 생명·신체에 위해를 끼쳐서는 아니 된다.
④ 위해성 경찰장비는 필요한 최소한도에서 사용하여야 한다.
⑤ 경찰청장은 위해성 경찰장비를 새로 도입하려는 경우에는 대통령령으로 정하는 바에 따라 안전성 검사를 실시하여 그 안전성 검사의 결과보고서를 국회 소관 상임위원회에 제출하여야 한다. 이 경우 안전성 검사에는 외부 전문가를 참여시켜야 한다.
⑥ 위해성 경찰장비의 종류 및 그 사용기준, 안전교육·안전검사의 기준 등은 대통령령으로 정한다.

제9조(경찰장비의 사용 등) ① 경찰관은 직무수행 중 경찰장비를 사용할 수 있다. 다만, 위해성 경찰장비를 사용할 때에는 필요한 안전교육과 안전검사를 받은 후 사용하여야 한다.
② 제1항 본문에서 '경찰장비'란 무기, 경찰장구(警察裝具), 최루제(催淚劑)와 그 발사장치, 살수차, 감식기구(鑑識機具), 해안 감시기구, 통신기기, 차량·선박·항공기 등 경찰이 직무를 수행할 때 필요한 장치와 기구를 말한다.
③ 제1항 단서에서 '위해성 경찰장비'란 무기, 경찰장구, 최루제와 그 발사장치, 살수차 등 사람의 생명이나 신체에 위해를 끼칠 수 있는 경찰장비를 말한다.
④ 경찰관은 경찰장비를 함부로 개조하거나 경찰장비에 임의의 장비를 부착하여 일반적인 사용법과 달리 사용함으로써 다른 사람의 생명·신체에 위해를 끼쳐서는 아니 된다.
⑤ 위해성 경찰장비는 필요한 최소한도에서 사용하여야 한다.
⑥ 경찰청장은 위해성 경찰장비를 새로 도입하려는 경우에는 대통령령으로 정하는 바에 따라 안전성 검사를 실시하여 그 안전성 검사의 결과보고서를 국회 소관 상임위원회에 제출하여야 한다. 이 경우 안전성 검사에는 외부 전문가를 참여시켜야 한다.
⑦ 위해성 경찰장비의 종류 및 그 사용기준, 안전교육·안전검사의 기준 등은 대통령령으로 정한다.

제10조의2(경찰장구의 사용) ① 경찰관은 다음 각 호의 직무를 수행하기 위하여 필요하다고 인정되는 상당한 이유가 있을 때에는 그 사태를 합리적으로 판단하여 필요한 한도에서 경찰장구를 사용할 수 있다.
  1. 현행범이나 사형·무기 또는 장기 3년 이상의 징역이나 금고에 해당하는 죄를 범한 범인의 체포 또는 도주 방지
  2. 자신이나 다른 사람의 생명·신체의 방어 및 보호
  3. 공무집행에 대한 항거(抗拒) 제지
② 제1항에서 "경찰장구"란 경찰관이 휴대하여 범인 검거와 범죄 진압 등의 직무 수행에 사용하는 수갑, 포승(捕繩), 경찰봉, 방패 등을 말한다.

제10조의3(분사기 등의 사용) 경찰관은 다음 각 호의 직무를 수행하기 위하여 부득이한 경우에는 현장책임자가 판단하여 필요한 최소한의 범위에서 분사기(「총포·도검·화약류 등의 안전관리에 관한 법률」에 따른 분사기를 말하며, 그에 사용하는 최루 등의 작용제를 포함한다. 이하 같다) 또는 최루탄을 사용할 수 있다. 〈개정 2015.1.6〉
  1. 범인의 체포 또는 범인의 도주 방지
  2. 불법집회·시위로 인한 자신이나 다른 사람의 생명·신체와 재산 및 공공시설 안전에 대한 현저한 위해의 발생 억제

제10조의4(무기의 사용) ① 경찰관은 범인의 체포, 범인의 도주 방지, 자신이나 다른 사람의 생명·신체의 방어 및 보호, 공무집행에 대한 항거의 제지를 위하여 필요하다고 인정되는 상당한 이유가 있을 때에는 그 사태를 합리적으로 판단하여 필요한 한도에서 무기를 사용할 수 있다. 다만, 다음 각 호의 어느 하나에 해당할 때를 제외하고는 사람에게 위해를 끼쳐서는 아니 된다.
  1. 「형법」에 규정된 정당방위와 긴급피난에 해당할 때

제9조의2(경찰장구의 사용) ① 경찰관은 다음 각 호의 직무를 수행하기 위하여 필요하다고 인정되는 상당한 이유가 있을 때에는 그 사태를 합리적으로 판단하여 필요한 한도에서 경찰장구를 사용할 수 있다.
  1. 현행범이나 사형·무기 또는 장기 3년 이상의 징역이나 금고에 해당하는 죄를 범한 범인의 체포 또는 도주 방지
  2. 자신이나 다른 사람의 생명·신체의 방어 및 보호
  3. 공무집행에 대한 항거(抗拒) 제지
② 제1항에서 '경찰장구'란 경찰관이 휴대하여 범인 검거와 범죄 진압 등의 직무 수행에 사용하는 수갑, 포승(捕繩), 경찰봉, 전자충격기, 방패 등을 말한다.

제9조의3(분사기 등의 사용) 경찰관은 다음 각 호의 직무를 수행하기 위하여 부득이한 경우에는 현장책임자가 판단하여 필요한 최소한의 범위에서 분사기(「총포·도검·화약류 등의 안전관리에 관한 법률」에 따른 분사기를 말하며, 그에 사용하는 최루 등의 작용제를 포함한다. 이하 같다) 또는 최루탄을 사용할 수 있다.
  1. 범인의 체포 또는 범인의 도주 방지
  2. 자신이나 다른 사람의 생명·신체와 재산 및 공공시설 안전에 대한 현저한 위해의 발생 억제

제9조의4(무기의 사용) ① 경찰관은 범인의 체포, 범인의 도주 방지, 자신이나 다른 사람의 생명·신체의 방어 및 보호, 공무집행에 대한 항거의 제지를 위하여 필요하다고 인정되는 상당한 이유가 있을 때에는 그 사태를 합리적으로 판단하여 필요한 한도에서 무기를 사용할 수 있다. 다만, 다음 각 호의 어느 하나에 해당할 때를 제외하고는 사람에게 위해를 끼쳐서는 아니 된다.
  1. 「형법」에 규정된 정당방위와 긴급피난에 해당할 때

2. 다음 각 목의 어느 하나에 해당하는 때에
그 행위를 방지하거나 그 행위자를 체포하
기 위하여 무기를 사용하지 아니하고는 다
른 수단이 없다고 인정되는 상당한 이유가
있을 때
가. 사형·무기 또는 장기 3년 이상의 징역이
나 금고에 해당하는 죄를 범하거나 범하였
다고 의심할 만한 충분한 이유가 있는 사
람이 경찰관의 직무집행에 항거하거나 도주
하려고 할 때
나. 체포·구속영장과 압수·수색영장을 집행하
는 과정에서 경찰관의 직무집행에 항거하거
나 도주하려고 할 때
다. 제3자가 가목 또는 나목에 해당하는 사람
을 도주시키려고 경찰관에게 항거할 때
라. 범인이나 소요를 일으킨 사람이 무기·흉
기 등 위험한 물건을 지니고 경찰관으로부
터 3회 이상 물건을 버리라는 명령이나 항
복하라는 명령을 받고도 따르지 아니하면서
계속 항거할 때
3. 대간첩 작전 수행 과정에서 무장간첩이 항
복하라는 경찰관의 명령을 받고도 따르지
아니할 때
② 제1항에서 "무기"란 사람의 생명이나 신체에
위해를 끼칠 수 있도록 제작된 권총·소총·도검
등을 말한다.
③ 대간첩·대테러 작전 등 국가안전에 관련되는
작전을 수행할 때에는 개인화기(個人火器) 외에
공용화기(共用火器)를 사용할 수 있다.

제11조(사용기록의 보관) 제10조 제2항에 따른
살수차, 제10조의3에 따른 분사기, 최루탄 또는
제10조의4에 따른 무기를 사용하는 경우 그 책
임자는 사용 일시·장소·대상, 현장책임자, 종류,
수량 등을 기록하여 보관하여야 한다.

---

2. 다음 각 목의 어느 하나에 해당하는 때에
그 행위를 방지하거나 그 행위자를 체포하
기 위하여 무기를 사용하지 아니하고는 다
른 수단이 없다고 인정되는 상당한 이유가
있을 때
가. 사형·무기 또는 장기 3년 이상의 징역이
나 금고에 해당하는 죄를 범하거나 범하였
다고 의심할 만한 충분한 이유가 있는 사
람이 경찰관의 직무집행에 항거하거나 도주
하려고 할 때
나. 체포·구속영장과 압수·수색영장을 집행하
는 과정에서 경찰관의 직무집행에 항거하거
나 도주하려고 할 때
다. 제3자가 가목 또는 나목에 해당하는 사람
을 도주시키려고 경찰관에게 항거할 때
라. 범인이나 소요를 일으킨 사람이 무기·흉
기 등 위험한 물건을 지니고 경찰관으로부
터 3회 이상 물건을 버리라는 명령이나 항
복하라는 명령을 받고도 따르지 아니하면서
계속 항거할 때
3. 대간첩 작전 수행 과정에서 무장간첩이 항
복하라는 경찰관의 명령을 받고도 따르지
아니할 때
② 제1항에서 "무기"란 사람의 생명이나 신체에
위해를 끼칠 수 있도록 제작된 권총·소총·도검
등을 말한다.
③ 대간첩·대테러 작전 등 국가안전에 관련되는
작전을 수행할 때에는 개인화기(個人火器) 외에
공용화기(共用火器)를 사용할 수 있다.

제9조의5(사용기록의 보관) 제9조 제2항에 따른
살수차, 제9조의3에 따른 분사기, 최루탄 또는
제9조의4에 따른 무기를 사용하는 경우 그 책임
자는 사용 일시·장소·대상, 현장책임자, 종류,
수량 등을 기록하여 보관하여야 한다.

제10조(일반권한) ① 경찰관은 제4조 내지 제9조
가 경찰관의 권한을 특별히 규정하고 있지 않는

한 공공의 안녕이나 공공의 질서에 대한 위해가 발생한 때에는 그 위해를 방지하기 위하여 필요하다고 인정되는 조치를 할 수 있다.

② 제1항에 따른 경찰관의 권한은 그 직무수행에 필요한 최소한도에서 행사되어야 하며, 남용되어서는 아니 된다.

③ 경찰관은 제1항의 조치를 하였을 때에는 지체 없이 그 사실을 소속 경찰관서의 장에게 보고하여야 한다.

④ 제3항의 보고를 받은 경찰관서의 장은 관계기관의 협조를 구하는 등 적절한 조치를 하여야 한다.

제11조의2(손실보상) ① 국가는 경찰관의 적법한 직무집행으로 인하여 다음 각 호의 어느 하나에 해당하는 손실을 입은 자에 대하여 정당한 보상을 하여야 한다.

 1. 손실발생의 원인에 대하여 책임이 없는 자가 재산상의 손실을 입은 경우(손실발생의 원인에 대하여 책임이 없는 자가 경찰관의 직무집행에 자발적으로 협조하거나 물건을 제공하여 재산상의 손실을 입은 경우를 포함한다)
 2. 손실발생의 원인에 대하여 책임이 있는 자가 자신의 책임에 상응하는 정도를 초과하는 재산상의 손실을 입은 경우

② 제1항에 따른 보상을 청구할 수 있는 권리는 손실이 있음을 안 날부터 3년, 손실이 발생한 날부터 5년간 행사하지 아니하면 시효의 완성으로 소멸한다.

③ 제1항에 따른 손실보상신청 사건을 심의하기 위하여 손실보상심의위원회를 둔다.

④ 제1항에 따른 손실보상의 기준, 보상금액, 지급절차 및 방법, 손실보상심의위원회의 구성 및 운영, 그 밖에 필요한 사항은 대통령령으로 정한다.

제11조의3(보상금 지급) ① 경찰청장, 지방경찰청

제11조(손실보상) ① 국가는 경찰관의 적법한 직무집행으로 인하여 다음 각 호의 어느 하나에 해당하는 손실을 입은 자에 대하여 정당한 보상을 하여야 한다.

 1. 손실발생의 원인에 대하여 책임이 없는 자가 생명·신체 또는 재산상의 손실을 입은 경우(손실발생의 원인에 대하여 책임이 없는 자가 경찰관의 직무집행에 자발적으로 협조하거나 물건을 제공하여 생명·신체 또는 재산상의 손실을 입은 경우를 포함한다)
 2. 손실발생의 원인에 대하여 책임이 있는 자가 자신의 책임에 상응하는 정도를 초과하는 생명·신체 또는 재산상의 손실을 입은 경우

② 제1항 제1호의 경우에 손실발생의 원인에 대하여 책임이 있는 자가 따로 있으면 국가는 그 자에게 구상할 수 있다.

③ 제1항에 따른 보상을 청구할 수 있는 권리는 손실이 있음을 안 날부터 3년, 손실이 발생한 날부터 5년간 행사하지 아니하면 시효의 완성으로 소멸한다.

④ 제1항에 따른 손실보상신청 사건을 심의하기 위하여 손실보상심의위원회를 둔다.

⑤ 경찰청장 또는 지방경찰청장은 제4항의 손실보상심의위원회의 심의·의결에 따라 보상금을

장 또는 경찰서장은 다음 각 호의 어느 하나에 해당하는 사람에게 보상금을 지급할 수 있다.
1. 범인 또는 범인의 소재를 신고하여 검거하게 한 사람
2. 범인을 검거하여 경찰공무원에게 인도한 사람
3. 테러범죄의 예방활동에 현저한 공로가 있는 사람
4. 그 밖에 제1호부터 제3호까지의 규정에 준하는 사람으로서 대통령령으로 정하는 사람

② 경찰청장, 지방경찰청장 및 경찰서장은 제1항에 따른 보상금 지급의 심사를 위하여 대통령령으로 정하는 바에 따라 각각 보상금심사위원회를 설치·운영하여야 한다.
③ 제2항에 따른 보상금심사위원회는 위원장 1명을 포함한 5명 이내의 위원으로 구성한다.
④ 제2항에 따른 보상금심사위원회의 위원은 소속 경찰공무원 중에서 경찰청장, 지방경찰청장 또는 경찰서장이 임명한다.
⑤ 경찰청장, 지방경찰청장 또는 경찰서장은 제2항에 따른 보상금심사위원회의 심사·의결에 따라 보상금을 지급하고, 거짓 또는 부정한 방법으로 보상금을 받은 사람에 대하여는 해당 보상금을 환수한다.
⑥ 보상 대상, 보상금의 지급 기준 및 절차, 보상금심사위원회의 구성 및 심사사항, 그 밖에 필요한 사항은 대통령령으로 정한다.

지급하고, 거짓 또는 부정한 방법으로 보상금을 받은 사람에 대하여는 해당 보상금을 환수하여야 한다
⑥ 보상금이 지급된 경우 손실보상심의위원회는 대통령령으로 정하는 바에 따라 경찰위원회에 심사자료와 결과를 보고하여야 한다. 이 경우 경찰위원회는 손실보상의 적법성 및 적정성 확인을 위하여 필요한 자료의 제출을 요구할 수 있다.
⑦ 경찰청장 또는 지방경찰청장은 제2항에 따라 구상 청구를 받은 사람 또는 제5항에 따라 보상금을 반환하여야 할 사람이 대통령령으로 정한 기한까지 그 금액을 납부하지 아니한 때에는 국세 체납처분의 예에 따라 징수할 수 있다.
⑧ 제1항에 따른 손실보상의 기준, 보상금액, 지급 절차 및 방법, 제4항에 따른 손실보상심의위원회의 구성 및 운영, 제2항, 제5항 및 제7항에 따른 구상과 환수절차, 그 밖에 손실보상에 관하여 필요한 사항은 대통령령으로 정한다.

제12조(국제협력) 경찰청장 또는 해양경찰청장은 이 법에 따른 경찰관의 직무수행을 위하여 외국 정부기관, 국제기구 등과 자료 교환, 국제협력 활동 등을 할 수 있다.

제13조(유치장) ① 법률에서 정한 절차에 따라 체포·구속된 사람 또는 신체의 자유를 제한하는 판결이나 처분을 받은 사람을 수용하기 위하여 경찰서와 해양경찰서에 유치장을 둔다.
② 입감절차 등 유치장의 운영에 관하여 필요한 사항은 따로 법률로 정한다.

	③ 유치장의 시설에 관한 사항은 대통령령으로 정한다.
제12조(벌칙) 이 법에 규정된 경찰관의 의무를 위반하거나 직권을 남용하여 다른 사람에게 해를 끼친 사람은 1년 이하의 징역이나 금고에 처한다.	제14조(벌칙) 이 법에 규정된 경찰관의 의무를 위반하거나 직권을 남용하여 다른 사람에게 해를 끼친 사람은 1년 이하의 징역이나 금고, 또는 100만 원 이하의 벌금에 처한다.

공저자 약력

김 성 태

학력 및 주요 경력
서울대학교 법과대학
서울대학교 대학원 법학석사
독일 Würzburg 대학교 법학박사(Dr. iur.)
현) 홍익대학교 법과대학 교수

주요 연구업적
Datenschutz im deutschen und koreanischen Polizeirecht, Ergon Verlag
자금세탁방지제도론(공저), 홍익대출판부
정보활동에 관한 경찰관 직무집행법 개선 방안
경찰작용에서의 손실보상
미국의 경찰작용법
위험에 대한 의심과 위험여부의 확인

김 연 태

학력 및 주요 경력
고려대학교 법과대학(법학사)
고려대학교 일반대학원(법학석사)
독일 Osnabrück 대학교 법학박사(Dr. iur.)
현) 고려대학교 법학전문대학원 교수

주요 연구업적
행정법 Ⅰ(공저), 법문사
행정법 Ⅱ(공저), 법문사
행정법사례연습, 홍문사
행정법객관식연습(공저), 박영사
경찰법연구(공저), 세창출판사
환경보전작용연구, 고려대학교 출판부

박 병 욱

학력 및 주요 경력
경찰대학교 법학과
독일 Humboldt 대학교 법학석사(LL.M.)
독일 Humboldt 대학교 법학박사(Dr. iur.)
현) 제주대학교 행정학과 교수

주요 연구업적
Wandel des klassischen Polizeirechts zum neuen Sicherheitsrecht – Eine Untersuchung am Beispiel der Entscheidung über sogenannte Online-Durchsuchung, BWV · Berliner Wissenschafts-Verlag
쿠겔만의 독일경찰법(공역), 세창출판사
자치경찰의 민주적 통제를 위한 시도경찰위원회 구성 및 운영방안에 대한 제언
집회주최자 및 참가자의 대국가적 불법행위책임에 대한 비판적 고찰 – 독일연방통상법원 그론데 판결을 중심으로(공저)
경찰질서행정에서의 규제패러다임의 전환
위험예방을 위한 경찰법과 범죄예방을 위한 형사법의 목적, 수단상의 차이점: 경찰의 활동을 중심으로(공저)

서 정 범

학력 및 주요 경력
고려대학교 법과대학
고려대학교 대학원 법학석사, 법학박사
독일 Mannheim 대학교에서 Post Doc.(국비유학)
독일 Freiburg 대학교 객원연구원
현) 국립경찰대학 법학과 교수

주요 연구업적
경찰행정법, 세창출판사
경찰법연구(3인공저), 세창출판사
행정법총론(2인공저), 세창출판사
경찰행정법학 어떻게 할 것인가?
경찰행정법의 새로운 이론적 체계의 구축 외 논문다수

손 재 영

학력 및 주요 경력
경북대학교 법과대학 공법학과(법학사)
독일 Mannheim 대학교 법학석사(LL.M)
독일 Mannhiem 대학교 법학박사(Dr. iur.)
현) 국립경찰대학 법학과 교수

주요 연구업적
Heimliche polizeiliche Eingriffe in das informationelle Selbstbestimmungsrecht, Duncker & Humblot
경찰법, 박영사
로스쿨 경찰실무 경찰과 법(공저), 경찰대학 출판부
위험방지를 위한 퇴거명령과 체류금지 및 주거로부터의 퇴거명령에 대한 법적 근거
경찰법상의 개괄적 수권조항— 개괄적 수권조항의 기능 및 적용영역을 중심으로 —
외관상 경찰책임자의 경찰법상 책임

이 성 용

학력 및 주요 경력
경찰대학교 행정학과
독일 Augsburg 대학교 법학석사(LL.M.)
독일 Augsburg 대학교 법학박사(Dr. iur.)
현) 계명대학교 경찰행정학과 교수

주요 연구업적
Die Privatisierung der Inneren Sicherheit durch das Bewachungsgewerbe, Peter Lang
경찰윤리, 박영사
비교경찰론(공저), 박영사
노동쟁의와 경찰개입의 한계 — 경찰 갈등조정활동에 대한 비판적 검토
정보의 자기결정권에 따른 경찰상 정보보호의 입법원리
경찰 정보활동의 법적 문제에 관한 해석론적 고찰

경찰관 직무집행법 —인권과 법치를 위한 개정권고안—

초판발행	2020년 8월 30일
지은이	김성태·김연태·박병욱·서정범·손재영·이성용
펴낸이	안종만·안상준
편 집	박가온
기획/마케팅	장규식
표지디자인	박현정
제 작	우인도·고철민·조영환
펴낸곳	(주) 박영사
	서울특별시 종로구 새문안로3길 36, 1601
	등록 1959. 3. 11. 제300-1959-1호(倫)
전 화	02)733-6771
f a x	02)736-4818
e-mail	pys@pybook.co.kr
homepage	www.pybook.co.kr
ISBN	979-11-303-3704-3 93360

정 가   16,000원